A Inteligência Artificial e o Direito Digital aplicado aos negócios

Como fazer bons negócios usando a IA

Afonso Paulo Albuquerque de Mendonça

Dados Internacionais de Catalogação na Publicação (CIP)
(Câmara Brasileira do Livro, SP, Brasil)

Índices para catálogo sistemático:

Albuquerque, Afonso
    A inteligência artificial e o direito digital aplicado aos negócios [livro eletrônico] / Afonso Albuquerque. -- 1. ed. -- Fortaleza, CE : Ed. do Autor, 2025.
    ePub

    Bibliografia.
    ISBN 978-65-01-30941-5

    1. Direito digital 2. Gestão de negócios 3. Inteligência artificial 4. Inteligência artificial - Inovações tecnológicas I. Título.

25-249279   CDU-34:004.8

1.   Inteligência artificial e direito 34:004.8

Aline Graziele Benitez - Bibliotecária - CRB-1/3129

ÍNDICE

Prezado (a) Leitor (a),

É com satisfação que compartilho com você essa jornada intrigante, cujo conhecimento já não pode mais ser deixado de lado, sobre terma de relevância singular, que representa uma nova revolução mundial e que, certamente, impactará todos os processos atuais e os que virão: a Inteligência Artificial (IA) que ocorre a saltos largos, diria em progressão geométrica, o que reclama do Direito o acompanhamento mais de perto, em suas multíplices aplicações, porque há nítida interseção com o Direito Digital e outras especialidades.

Fica o convite para abrir as páginas deste livro, e embarcar em uma exploração comigo, que está apenas começando e que irá não apenas iluminar sua compreensão sobre a Revolução da Inteligência Artificial, mas, também, espero, instigá-lo (a) a refletir, dentre os vários aspectos envolvidos, sobre como essa revolução está afetando não apenas os negócios, mas toda a sociedade. Ainda há tempo de juntos, aprendermos cada vez mais sobre o tema.

A Revolução da Inteligência Artificial é fruto de todo um processo evolutivo da humanidade e das tecnologias de informação e comunicação, que veio para impactar as nossas vidas porque nos encontramos envoltos por ela nas mais diversas atividades cotidianas. O modo como interagimos com a tecnologia foi alterado e ainda está sendo diuturnamente modificado desde pequenas rotinas como as nossas atividades diárias até operações mais complexas como aquelas do mercado financeiro. Consequentemente, a regulação precisa corresponder à essa evolução para que os direitos não deixem de ser considerados e aplicados. A normatização precisa ser menos formal e evoluir em seu aspecto regulatório porque, se não o fizer, em muitos aspectos deixará espaços vazios que, em suas lacunas implicará em um assoberbamento do judiciário. O mundo mudou e está mudando ainda mais e as normas precisam evoluir para acompanhar essas transformações.

Historicamente, a IA – Inteligência Artificial tem uma trajetória rica e multifacetada, que remonta a acontecimentos e conceitos que foram entremeando-se na metade do século XX. Contudo, ao longo das últimas décadas, observamos um crescimento exponencial na adoção e aplicação de suas capacidades em diversos setores da economia e em toda a sociedade. Um crescimento não é apenas quantitativo, mas também qualitativo, trazendo à lume novas oportunidades e desafios, que juntos vamos explorar neste livro, em suas reedições e outros autores que, espero, venham a publicar, contribuindo para a elucidação de tema tão necessário.

Em um primeiro aspecto, discutiremos as vantagens competitivas que a IA – Inteligência Artificial provoca na seara empresarial. Compartilharemos informações e compilaremos dados elucidadores que evidenciam a crescente e inevitável presença da IA nas relações negociais, conformando um novo panorama econômico-social em que empresas que incorporam essas tecnologias não apenas se avultam, mas, otimizam seu tempo, aprimoram seus processos, evoluem e prosperam em mercados cada vez mais competitivos e desafiadores. Estamos trilhando nossos primeiros passos para compreender esse horizonte que está à nossa frente. Por isso, utilizaremos de exemplos práticos, o que por si demonstrará que a IA não é um mero conceito abstrato, mas um conjunto de ferramentas reais e em constante aprimoramento que proporcionam eficiência, personalizam experiências e catalisam inovações em variados campos.

Não é nossa pretensão esgotar o conteúdo mas, sim trazer uma reflexão sobre o tema que crescerá com as novas edições. Essa é a razão para adotarmos informações mais básicas para a compreensão do tema que abraçamos. Assim buscamos responder às perguntas iniciais: O que é inteligência artificial? Como foi criada? Quais os tipos mais conhecidos e quais as suas aplicações?

Em um outro aspecto, nos debruçaremos sobre as implicações éticas e legais decorrentes de sua utilização e aplicação. Na proporção em que as empresas utilizam tecnologias inteligentes e generativas, brotam distintas questões éticas relativas à privacidade, à segurança de dados e à discriminação algorítmica – temas que demandam não somente uma discussão amiudada, mas, sim, uma maior atenção por parte dos profissionais envolvidos. A regulamentação apropriada e a consonância no uso dessas tecnologias não são apenas indispensáveis; são garantia de que a IA sirva ao bem comum e respeite os direitos fundamentais.

Na abordagem de conceitos e aplicações, em suas poucas páginas que, certamente crescerão nas próximas edições, nosso livro não deixará de traçar um esboço das tendências futuras que conformarão nosso mundo. O futuro da IA nos negócios não se atém à automação e à eficiência; ele propõe um conceito de colaboração entre seres humanos e máquinas que rompe as fronteiras tradicionais de nosso entendimento sobre trabalho e propriedade intelectual. Nas linhas que seguirão, espero instigá-lo (a) a não apenas meditar sobre as informações expostas, mas a refletir e questionar o seu papel como agente transformador e o que a Inteligência Artificial poderá contribuir nas atuações profissionais e na vida cotidiana, sem que provoque um embotamento da capacidade cognitiva das gerações atuais e as que virão.

Um de meus objetivos é compartilhar minha singela pesquisa, como iniciante na compreensão desse vasto conteúdo e um convite à reflexão, um chamado para que você, junto comigo, como leitor consciente e engajado, como ser pensante, aprofunde os seus conhecimentos e examine o impacto profundo da transformação digital em sua vida e nas estruturas econômicas, sociais e jurídicas que nos entrelaçam e regem. Através da pesquisa e do conhecimento compartilhado nesta obra, o desejo é que você se torne não apenas mero espectador ou passageiro no trem da história, mas sujeito ativo na investigação por e busca por um futuro em que a inovação se alinhe aos princípios éticos e à justiça social.

Assim, por tudo que aqui foi falado e pelo que consignaremos nas linhas seguintes, acomode-se e prepare-se para uma leitura enriquecedora, reflexiva e instigante. Espero que cada página instigue a pensar, refletir, questionar e, se plausível, conjecturar novas possibilidades de operar num mundo que evolui, revolui e se transforma velozmente, e agora mais porque impulsionado pela Inteligência Artificial.

Agradeço a você por dividir comigo este estudo inicial, como companheiro de estudo nessa caminhada, que está apenas começando. É uma honra compartilhar esse estudo inicial que, somará aos nossos conhecimentos, afinal não sou dono da verdade sendo apenas um aprendiz em busca de mais conhecimento nessa área. Vamos juntos iniciar a nossa jornada em busca do aprimoramento e de novas descobertas.

Com estima e apreço,

Afonso Paulo Albuquerque de Mendonça

Prefácio: A Inteligência Artificial e suas origens

A Inteligência Artificial (IA) tem início com conceitos mitológicos, com berço na Grécia, em sua antiguidade clássica, avançando de forma significativa no século XX com o desenvolvimento, segundo alguns autores, das redes neurais com a contribuição significativa de Warren McCulloch e Walter Pitts no ano de 1943. A terminologia "inteligência artificial" tem seu registro, aparentemente, em 1956 com a Conferência de Dartmouth, considerado por alguns como seu marco inicial formal.

No ano de 1980 ocorreu o chamado "inverno da IA". Foi a partir de 2000, com a ampliação da computação e d o surgimento da tecnologia *big data* e *machine learning* que aconteceu o impulso da IA, com o avanço do GPT - 3.5.

Merece destaque Alan Turing, matemático britânico, por muitos considerado pai da ciência computacional e da inteligência artificial, desenvolveu a Máquina de Turing, modelo teórico formalizador dos conceitos de algoritmo e computação, base para a criação dos computadores hodiernos.

Dentre alguns dos desafios enfrentados pela IA ao longo de sua evolução, podem ser destacados o viés algorítimico, a interrelação entre o desemprego e a automação, a complexidade e qualidade dos dados, a resistência à adoção, para citar apenas estes. O viés algorítimico reside na questão em que os algoritmos de IA podem reproduzir preconceitos, reproduzindo discriminação de forma automatizada.

O avanço da IA tende à substituição de tarefas humanas e, consequentemente, a automação pode provocar desemprego, com a substituição da mão de obra humana, provocando a necessidade cada vez mais constante de requalificação da mão de obra, com a capacitação constante para o mercado de trabalho. Afinal, a falta de qualidade pode prejudicar e comprometer os resultados, porque depende de dados precisos e arranjados. Por fim, a desconfiança e resistência dos usuários finais, principalmente porque preocupados com a segurança, a privacidade e o embotamento da capacidade cerebral das gerações futuras, faz sopesar a relação custo-benefício.

O que podemos entender por Inteligência Artificia - IA? A inteligência artificial busca simular e aprimorar os processos da inteligência humana em máquinas, permitindo que elas aprendam, desenvolvam raciocínio elaborado e tomem decisões. Tal objetivo se concretiza utilizando-se de algoritmos computacionais, instruções, que ditam o comportamento da máquina. A IA, desse modo, de uma forma simplista, para melhorar a compreensão do (a) leitor (a) é criada através de programação, com algoritmos que permitem as máquinas a aprenderem e se adaptarem, ao invés de apenas seguir instruções pré-fixadas. Esse aprendizado se dá pelo ajuste de parâmetros internos do modelo a partir de dados e informações.

1. A INTELIGÊNCIA ARTIFICIAL
1.1. Sobre a inteligência artificial

A IA – Inteligência Artificial tem por base algoritmos complexos e modelos matemáticos que possibilitam que as máquinas processem grandes quantidades de dados, identifiquem padrões e aprendam com as informações.

Abordaremos ao longo de nossa abordagem, alguns conceitos e entendimentos sobre a IA, embora o nosso objetivo nesse livro seja a análise da sua aplicação nos negócios. Daí porque adotarmos conceitos básicos, com fins a uma melhor percepção.

Podemos destacar diferentes abordagens para a IA incluindo:

A. **Machine learning:** As máquinas aprendem com os dados sem serem prévia e explicitamente programadas, acertando seus modelos à proporção que recebem mais informações. A *machine* learning é um tipo de IA que permite que os sistemas aprendam com os dados. Em vez de seguir instruções fixas, os algoritmos de Machine Learning identificam padrões nos dados, fazem previsões e tomam decisões com apoio nesse aprendizado.

Tipos:

Aprendizado supervisionado: Nesse tipo o algoritmo aprende com dados rotulados (com exemplos e respostas), como identificar imagens de gatos e cachorros.

Aprendizado não supervisionado: No caso, o algoritmo aprende com dados não rotulados, identificando padrões e estruturas por conta própria, como agrupar clientes com base em seus comportamentos de compra.

Aprendizado por reforço: O algoritmo aprende no processo de "tentativa e erro", como a receber recompensas por ações corretas e penalidades por ações incorretas, como um robô aprendendo a andar.

Aplicações: Recomendação de produtos (Amazon, Netflix, entre outros); Detecção de fraudes ocorridas em cartões de crédito; Diagnóstico médico a partir da análise de imagens; Previsão de demanda de produtos; Filtros de spam, para citar apenas algumas.

B. **Deep learning:** Inspirado no cérebro humano, utiliza redes neurais artificiais para analisar dados em múltiplas camadas, possibilitando a resolução de problemas mais complexos. É um tipo de *Machine Learning* que emprega as redes neurais artificiais com múltiplas camadas para processar informações de forma complexa. Essas redes tem por exemplo o funcionamento do cérebro humano, com seus neurônios interconectados que processam e transmitem informações. Consegue aprender padrões complexos e representar dados abstratos. Requer grande quantidade de dados e poder computacional para treinamento. É capaz de realizar tarefas como reconhecimento de imagem, fala e texto com alta precisão.
Aplicações: Reconhecimento facial (em smartphones e sistemas de segurança); Carros autônomos; Tradução automática (*Google Tradutor*); Processamento de linguagem natural (como os *chatbots*, assistentes virtuais).

C. **Processamento de Linguagem Natural (PLN):** Permite que as máquinas, no processamento, compreendam e se comuniquem em linguagem humana, permitindo a interação com "chatbots", assistentes virtuais e sistemas de tradução. É uma área da IA que se concentra em permitir que os computadores entendam, interpretem e gerem linguagem semelhante à humana. O objetivo é que as máquinas se comuniquem com as pessoas de forma natural, compreendendo nuances, ambiguidades e o contexto da linguagem. Para isso analisa a estrutura gramatical das frases. Compreende o significado das palavras e frases. Produz textos que se assemelham à linguagem humana.

Aplicações: Chatbots e assistentes virtuais (Siri, Alexa); Tradução automática; Análise de sentimentos em redes sociais; Resumo automático de textos; Sistemas de busca.

A IA, hoje, está presente em diferentes áreas do nosso dia a dia, tais como assistentes virtuais, redes sociais, medicina, finanças e transporte.

Assistentes virtuais: A *Siri, Alexa* e *Google Assistant*, como assistentes virtuais, facilitam tarefas do cotidiano, como fazer pesquisas, agendar compromissos e controlar dispositivos domésticos.

Redes sociais: Os Algoritmos de IA personalizam o conteúdo que vemos em nossos feeds, recomendam conexões e detectam *spam*.

Medicina: A Inteligência Artificial é utilizada para auxiliar no diagnóstico de doenças, na análise de imagens médicas e no desenvolvimento de novos tratamentos.

Finanças: Os Sistemas de IA detectam fraudes, automatizam investimentos e fornecem análises de risco.

Transporte: Carros autônomos utilizam IA para percorrer e tomar decisões no trânsito.

Apesar dos avanços, a IA ainda enfrenta desafios, como os vieses algorítmicos, a questão ética e a correspondente responsabilidade e a confiabilidade.

Os Modelos de IA tendem a perpetuar e amplificar os preconceitos existentes nos dados de treinamento, levando a resultados discriminatórios. São os chamados vieses algorítmicos.

Indubitavelmente, questões como a privacidade, a segurança e o impacto da IA no mercado de trabalho são temas que exigem a atenção e o debate no mundo acadêmico e profissional. Isso revela a necessidade de amplo debate sobre a ética de seu uso e a implicação da responsabilidade objetiva e subjetiva do seu uso.

A complexidade de alguns modelos de IA atrapalha a compreensão de como eles chegam a algumas conclusões, o que pode gerar desconfiança.

O futuro do uso recorrente de IA promete ser ainda mais transformador, com a Inteligência Artificial generativa, personalizada e colaborativa. A **IA generativa** corresponde à criação de novos conteúdos, como imagens, textos e músicas, com alto grau de realismo. A **IA personalizada,** por sua vez representa os Sistemas de IA que se adaptam às necessidades e preferências individuais. Em outro aspecto, a **IA colaborativa** representa as máquinas que trabalham aliadas aos interesses humanos para resolver problemas complexos.

A IA, hoje, e cada vez mais, representa uma ferramenta poderosa com potencial para melhorar nossas vidas de diversas maneiras. Cabe-nos a sua utilização responsável. É crucial que o seu desenvolvimento e aplicação sejam pautados por princípios éticos e responsáveis, garantindo que seus benefícios sejam compartilhados por todos. Essa é a luta que tem que ser travada.

1.2. A inteligência artificial aplicada aos negócios

Vivenciamos a era da inteligência artificial (IA) que se instalou de maneira permanente na vida contemporânea, trazendo consigo uma revolução silenciosa para muitos, mas poderosa, capaz de transformar profundamente a dinâmica que rege os negócios em todo o mundo.

A IA, em sua essência, alude à capacidade das máquinas em realizar tarefas que normalmente exigiriam muito da inteligência humana. Desde decisões simples, como sugestões de música em plataformas de *streaming* (como Amazon Prime Vídeo, Netflix, Mas Disney, e outros) até operações complexas, como diagnósticos médicos, percebemos cada vez mais integrada às nossas interações e atividades diárias.

Já abordamos inicialmente o seu surgimento histórico, remontando o conceito de inteligência artificial data da década de 1950, quando pesquisadores começaram a explorar como os computadores poderiam simular a razão humana.

Ao longo dos anos, com a evolução das tecnologias de informação e comunicação, a IA evoluiu através de inovações significativas, sendo amplamente adotada não apenas em laboratórios de pesquisa, mas também em empresas dos mais variados setores. O aparecimento dos algoritmos de aprendizagem de máquina e das redes neurais profundas, aliado ao aumento exponencial de dados disponíveis, permitiram essa transformação: as máquinas passaram a aprender e se adaptar de maneira quase autônoma. E isso aconteceu para muitos de forma imperceptível, integrando-se a vida de todos.

A revolução que a IA provocou nos negócios é evidente. Setores como finanças, marketing, vendas e saúde, utilizam maciçamente as tecnologias. O mercado global de IA deve alcançar cifra impressionante de trilhões de dólares nos próximos anos[1], com uma taxa de crescimento anual que projeta

---

[1] Veja mais em:
https://oglobo.globo.com/economia/tecnologia/noticia/2024/09/25/mercado-de-inteligencia-artificial-vai-atingir-quase-us-1-trilhao-ate-2027-preve-consultoria.ghtml

o quão proeminente essa tecnologia se tornará[2]. O
quadro abaixo demonstra esse crescimento a passos
largos:

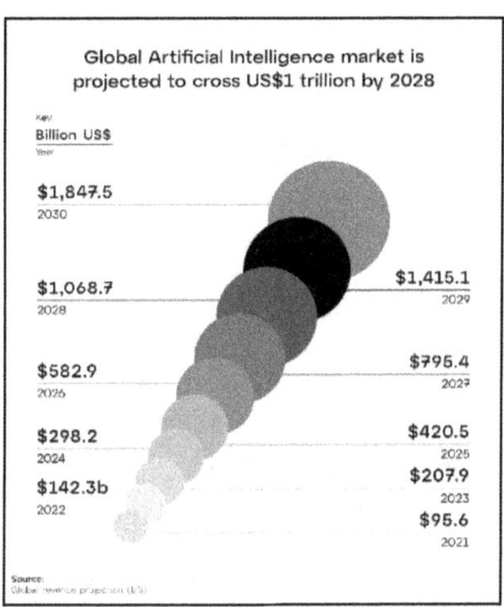

Em 2021[3], por exemplo, as empresas que
adotaram soluções baseadas em IA descreveram um
aumento significativo de eficiência, permitindo-lhes
aprimorar sua competitividade em um mercado cada
vez mais saturado e porque não dizer excludente[4].

---

[2]Veja mais em: https://neofeed.com.br/negocios/mercado-de-ia-se-aproxima-do-seu-primeiro-trilhao-mas-ha-um-preco-a-ser-pago-nessa-conta/

[3] Veja mais em: https://www.impacto.blog.br/administracao-de-empresas/o-mercado-de-ia-esta-crescendo-rapidamente-aponta-estudo/

[4] Veja mais em: https://www.goto.com/pt/it-management/resolve/global-ai-report/analyzing-the-ai-global-market

Dados reveladores do IFTL - Instituto de Formação em Tecnologia e Liderança apontam que cerca de 80% das empresas já consideram a adoção da IA como um diferencial estratégico. Estudos demonstram que **75%** das empresas que investem em Inteligência Artificial, possuem uma tática formal, e **60%** destas a empregam como elemento diferencial competitivo. Isso demonstra um reconhecimento crescente do valor estratégico da IA no ambiente empresarial [5].

O comércio eletrônico (*e-commerce*) transformou a experiência do consumidor utilizando-se de recomendações personalizadas[6], enquanto a indústria automotiva passou a usar a automação e a conectividade em uma velocidade surpreendente. Os consumidores, inclusive, são mais propensos a comprar marcas que oferecem recomendações e ofertas relevantes. A personalização representada pelos filtros, melhora a experiência do usuário e aumenta a taxa de conversão e o ticket médio, o que evidencia que recomendações personalizadas são fundamentais para o sucesso no *e-commerce*.

---

[5]Veja mais em: https://tiinside.com.br/18/12/2024/31-das-empresas-nao-implementam-ia-por-falta-de-conhecimento-tecnico-aponta-pesquisa/

[6]Veja mais em: https://cicloecommerce.com.br/recomendacao-de-produtos-personalizada-ferramentas-e-estrategias-para-e-commerce/

O surgimento da internet possibilitou tudo isso que estamos vivenciando hoje, essa experiência que otimiza a ação humana. Desde os anos 60 com a criação da ARPANET e em 1990 com o surgimento da World Wide Web (WWW) que revolucionou o acesso à informação, podemos dizer, mais pessoas tiveram acesso às informações de um modo geral e tiveram suas vidas impactadas pelas redes. Nos anos 2000, a internet se tornou amplamente acessível, com o a ampliação dos dispositivos móveis e a utilização das redes sociais. Cada vez mais, vemos pequenos e médios negócios aproveitando essas inovações, democratizando o acesso a ferramentas que antes pareciam exclusivas às grandes corporações.

Conforme podemos inferir do "Relatório Digital 2024: 5 billion social media users", produzido pela "We Are Social e Meltwater"[7], os brasileiros passam em média 9 horas e 13 minutos por dia nas redes sociais. O "Data Report 2024 Brasil", também da We Are Social e Meltwater, com enfoque em usuários entre 16 (dezesseis) e 64 (sessenta e quatro) anos, destaca que o WhatsApp (93,4% de alcance), o Instagram (91,2%) e o Facebook (83,3%) lideram como as plataformas mais utilizadas no país.

---

[7] Veja mais em: https://www.meltwater.com/en

À medida que nos aprofundamos no estudo do tema, vemos que a tecnologia não apenas influencia o modo como fazemos negócios[8], mas também decompõe a antiga forma e compõe a nova forma de relacionamento entre empresas e consumidores[9]. Compreender a inteligência artificial é o primeiro passo para tornar-se um protagonista na nova economia digital. Essa jornada começa aqui, e se você prosseguir, poderá descortinar um futuro fascinante e repleto de oportunidades.

As vantagens competitivas que a inteligência artificial oferece às empresas abrem as portas para o sucesso em um mercado em acelerada mutação[10]. Lembre por um momento em como era o panorama empresarial antes da revolução digital: decisões fundamentadas apenas na intuição, análise de dados em planilhas manuais, e um agudo foco em táticas tradicionais. Hoje, no contraponto, podemos prever comportamentos do consumidor, personalizar

---

[8] ALVES, Fabricio Germano; SOUSA, Pedro Henrique da Mata Rodrigues; DO RÊGO, Danielly Novais. Publicidade parasitária e possível tutela do consumidor a partir da utilização de inteligência artificial pelas plataformas de mídia social. **Revista Jurídica Cesumar-Mestrado**, v. 24, n. 1, p. 287-298, 2024.
[9] DE VASCONCELOS, Bárbara Correia. **Estratégias de Conteúdo nas Redes Sociais para a Geração Z: Tiktok e Instagram**. 2024. Dissertação de Mestrado. Instituto Politecnico do Porto (Portugal).
[10] FONSECA, Bianca Barbosa Ferro; NASCIMENTO, Cintia Daniely Borges do. O uso da inteligência artificial no marketing. 2024.

experiências e otimizar operações com precisão quase cirúrgica, tudo graças à IA.

1.2.1.   A Automação dos Processos

A Inteligência Artificial pode automatizar afazeres repetitivos, enfadonhos e manuais, como entrada de dados, processamento de documentos, atendimento ao cliente e agendamento de reuniões. Isso libera os colaboradores das empresas para se concentrarem em atividades mais estratégicas e criativas.

Um exemplo prático que ilustra visivelmente o benefício de utilização da IA nos negócios é o uso de "*chatbots*" em serviços ao cliente, para responder às perguntas frequentes e resolver problemas simples. Algo que anteriormente exigiria uma equipe inteira pode agora ser realizado por sistemas inteligentes, capazes de atender milhares de clientes simultaneamente, diuturnamente, oferecendo respostas imediatas a perguntas frequentes ou ajudando em transações. Esse tipo de automação não apenas aumenta a eficiência operacional, mas também, inegavelmente, reduz custos e melhora a experiência do cliente.

Empresas como a Zendesk[11] relatam que a confiança dos clientes nos *chatbots* em 71%[12] , com 62% das empresas relatando o aumento de venda, com a redução de até 25% no tempo de resposta aos clientes. Nem se fale da redução dos custos operacionais em 81%[13]. Um aspecto importante: "chatbots" trabalham ininterruptamente, 24h por dia e 7 dias por semana.

1.2.2. A Análise de dados no auxílio de tomada de decisões

A IA pode avaliar os fluxos de trabalho existentes e identificar entraves, ineficiências e oportunidades de melhoria. Com base nesse exame, a IA pode recomendar e implementar mudanças para otimizar os processos, tornando-os mais céleres, eficientes e eficazes. Exemplos são o Processamento de faturas e extração de dados de documentos, a geração de relatórios e análises automatizadas, o agendamento de compromissos e organização de agendas, a identificação de etapas redundantes em um processo de aceitação, a otimização da alocação de recursos em um projeto, a automação da

---

[11]Veja mais em: https://www.zendesk.com.br/blog/chatbot-de-inteligencia-artificial/
[12] Relatório CX Trends 2023 Zendesk
[13] pesquisa Panorama Mobile Time – Mapa do Ecossistema Brasileiro de Bots 2022

roteirização de entregas para minimizar o tempo e o custo, para citar apenas estes.

A Inteligência Artificial pode processar rapidamente grandes volumes de dados, analisá-los de forma massiva, não importando o grau de complexidade, incluindo dados estruturados e não estruturados, o que vai além da capacidade humana. Algoritmos de *Machine Learning* identificam padrões e tendência ocultas que seriam impossíveis de detectar com o olhar apenas humano. Daí as empresas podem obter uma melhor compreensão de seus clientes, das operações e do mercado.

Tarefas como limpeza de dados, extração de recurso, geração de relatórios, são automatizadas, o que libera tempo dos analistas, para que se concentrem na gestão estratégica e na interpretação dos resultados, elaborando novas práticas, a partir de insights decorrentes do "*brainstorming*". As decisões se tornam mais rápidas e úteis e as demandas podem ser antecipadas. E tudo isso com a redução de custos e o aumento da eficiência o que impulsiona o crescimento do negócio.

Um outro aspecto a salientar é a segmentação de clientes com base nos comportamentos, preferências e necessidades. Isso já acontece hoje com ferramentas como o "Google". A partir das suas pesquisas, ele traça o seu perfil e interesse e passa a fornecer informações relacionadas. É o que podemos chamar de personalização de produtos, serviços e ofertas, criando experiências pessoais e fidelização do cliente.

As instituições financeiras, de um modo geral, encontraram grande utilidade para identificar transações suspeitas e prevenir fraudes em tempo real. Empresas do varejo podem prever hoje com grande margem de acerto a demanda por produtos e, assim, otimizar os seus estoques.

O Diagnóstico Médico encontra auxílio na análise de imagens como radiografias, tomografias, permitindo a detecção de doenças com maior precisão.

Amplos volumes de dados de diferentes fontes podem ser processados, tais como bancos de dados, planilhas, mídias sociais e sensores, de forma muito mais veloz e eficiente do que nós humanos. Os Algoritmos de *Machine Learning* podem identificar padrões e tendências ocultas nos dados, revelando insights valiosos que seriam impraticáveis de serem detectados por métodos tradicionais.

Resultados futuros podem ser antecipados com base em dados históricos e convergências, ajudando na tomada de decisões estratégicas como, por exemplo, a previsão de demanda, a gestão de estoque e o planejamento financeiro. Modelos preditivos podem identificar clientes em potencial, prever a probabilidade de *"churn"* (cancelamento), além de otimizar campanhas de marketing.

Traz ainda, a ampla possibilidade de gerar gráficos e *"dashboards"* interativos que facilitam a compreensão de dados complexos, permitindo que os gestores identifiquem tendências e padrões. Ferramentas de visualização de dados ajudam na comunicação de informações e na adoção de decisões mais abalizadas.

Uma empresa de varejo pode antecipar a demanda de produtos com base em dados dos históricos de vendas, tendências de mercado e informações sobre o clima, otimizando o estoque e evitando perdas.

Determinada empresa de marketing pode, caso queira, segmentar seus clientes com base em seus interesses, comportamentos e dados demográficos, personalizando as campanhas e aumentando a taxa de conversão.

Empresa de seguros pode servir-se da IA para analisar dados de sinistros e prever riscos, ajustando os preços das apólices e otimizando a gestão de sinistros.

Ao integrar a inteligência artificial em seus processos de análise de dados e tomada de decisões, as empresas podem obter benefícios significativos no mercado, adotando decisões mais balizadas, inovando em passo acelerado e alcançando melhores resultados.

1.2.3. A Melhoria da experiência do Cliente

Plataformas como a Netflix, Max e Prime Vídeo, utilizam algoritmos complexos para analisar os hábitos de seus assinantes, proporcionando recomendações personalizadas que mantêm os usuários engajados.

A classificação que nós usuários damos aos filmes e séries permite que um perfil de recomendações seja estabelecido. Essa personalização não é apenas uma facilidade para o consumidor, mas uma estratégia engenhosa que garante à empresa uma taxa de retenção expressivamente maior. Imagine quantos bilhões de dólares a Netflix não poderia perder se não oferecesse a experiência personalizada que seus usuários tanto apreciam e é uma de suas principais características.

Além do mais, a inteligência artificial está modificando a configuração como as empresas se relacionam com os seus consumidores. O aumento da capacidade eficiente de coletar e avaliar dados em tempo real garante que as organizações possam ajustar suas estratégias instantaneamente, alinhadas com as necessidades e aspirações de seus clientes.

Essa mudança de perspectiva não só potencializa o engajamento do cliente, mas cria um ciclo alinhado, onde consumidores satisfeitos se tornam propagadores da marca, promovendo-a naturalmente em suas redes sociais.

1.2.4. Utilizando a IA para desenvolver novos Produtos e Serviços

A capacidade da IA de analisar os dados, identificar padrões e aprender com a experiência amplia as possibilidades de criação de soluções inovadoras e personalizadas.

Pode ser utilizada na análise de amplos volumes de informações de mercado, pesquisas com clientes e tendências de consumo para identificar necessidades não atendidas e oportunidades. Os Algoritmos de IA podem processar dados das redes sociais, fóruns *online* e avaliações de produtos para entender as preferências e expectativas dos consumidores.

Uma outra forma de utilização é a geração de ideias e a prototipagem, dada como a criação de versão simplificada do produto final, para que suas funcionalidades sejam validadas. Podem ser criados protótipos virtuais de novos produtos, permitindo a simulação de diferentes conceitos e funcionalidades antes de investir na produção. Designs podem ser gerados, com simulações e modelos 3D de produtos, acelerando assim o processo de prototipagem, otimizando e reduzindo custos.

Por exemplo, um salão de beleza pode simular para as suas clientes os diversos tipos de cortes de cabelo e pintura, além de outros serviços que ofereça. A IA, a partir de uma foto tirada no celular da cliente pode avaliar que produtos necessita para melhora o seu cabelo.

Maquiadoras podem demonstrar às suas clientes como elas ficarão após determinada maquiagem. Noivas podem se ver em vestidos diversos sem precisar vestir cada um deles.

A cada compra o perfil do cliente vai sendo traçado, de modo a lembrar-lhe quando estiver acabando determinado produto e já oferecer um desconto na compra de um novo. No caso, os algoritmos analisam o perfil do cliente, a partir de seus dados pessoais e sensíveis, passando pelo seu histórico de compras e suas interações com determinados tipos de marcas, para oferecer serviços e bens sob medida, tornando a experiência de comprar única.

Empresas como a Amazon, utilizam-se da Alexa para notificar seus clientes de pedidos que chegaram, de promoções e lembrar-lhes que poderão também adquirir outros produtos.

O processo de desenvolvimento de produtos pode ser automatizados, com testes de software, análise de código e geração de documentação. Isso acelera o processo de desenvolvimento, reduz erros e libera os desenvolvedores para que se apliquem em empreitadas mais criativas e estratégicas.

Na indústria automobilística pode ser utilizada no desenvolvimento de carros autônomos, sistemas de assistência ao motorista e design de veículos otimizados, criar plataformas de e-commerce personalizados, chatbots de atendimento aos clientes e sistemas de recomendação de produtos.

Ferramentas como o Chat GPT e o Google Gemini poder servir para realizar projetos e realizar planos de negócios estabelecendo o ciclo de PDCA.

Enfim, o uso supera a imaginação, sendo certo que auxilia na otimização do tempo e no encurtamento de processos, sem falar na possibilidade de analisar os pontos fortes e fracos de um projeto, além de sugerir melhorias.

1.3. Os Desafios atuais e as limitações da IA

Apesar dos avanços impressionantes da Inteligência Artificial nos últimos anos, não podemos deixar de destacar a existência limitações que precisamos reconhecer. Aqui estão algumas das principais:

I. **A Compreensão limitada do mundo real:**

   a. **O Contexto e o senso comum:** IA's ainda têm dificuldades em apreender o contexto completo de uma circunstância e aplicar o senso comum que os humanos possuem naturalmente.

b. **A Abstração e o raciocínio simbólico:** IA's são boas em processar dados, mas ainda têm empecilhos em abstrair conceitos e realizar raciocínio simbólico complexo como os humanos.

c. **A Criatividade e a originalidade genuínas:** IA's podem gerar conteúdo "criativo", mas na maioria vezes se baseiam em padrões existentes e não detém a aptidão para criar algo genuinamente novo e original.

II. **A Dependência de dados:**

a. **O Viés nos dados:** IA's aprendem com os dados que recebem, e se esses dados contiverem vieses, a IA irá reproduzi-los em suas decisões e previsões.

b. **Dados limitados ou incompletos:** Se a IA for treinada com dados limitados ou incompletos, seu desempenho será prejudicado e poderá gerar resultados imprecisos ou enviesados.

c. **Dificuldade em trabalhar com dados não estruturados:** IA's ainda têm dificuldades em processar e analisar dados não estruturados, como textos em linguagem natural, imagens e vídeos.

III. **A Falta de consciência e de emoções:**

    a. **A Consciência e o autoconhecimento:** IA's não possuem consciência de si mesmas, nem emoções ou sentimentos.

    b. **A Empatia e a compaixão:** IA's não conseguem processar e entender ou responder às emoções humanas como empatia e compaixão.

    c. **O Julgamento moral e ética:** IA's não possuem a capacidade de fazer julgamentos morais ou éticos, o que pode ser problemático em situações complexas que exigem esse tipo de discernimento.

IV. **A Segurança e confiabilidade:**

    a. **Vulnerabilidade a ataques:** IA's podem ser vulneráveis a ataques cibernéticos que manipulam seus dados ou algoritmos, comprometendo seu funcionamento.

b. **Transparência:** Muitas vezes é difícil entender como uma IA chegou a uma determinada decisão, o que pode gerar falta de confiança e dificultar a identificação de erros.

c. **Generalização:** IA's podem ter dificuldade em generalizar o conhecimento aprendido para novas situações ou contextos diferentes daqueles em que foram treinadas.

V. **Questões éticas e sociais:**

a. **Impacto no mercado de trabalho:** A automação de tarefas pela IA pode levar à perda de empregos em alguns setores.

b. **Discriminação e desigualdade:** O uso de IA pode perpetuar ou amplificar preconceitos existentes na sociedade, gerando discriminação e desigualdade.

c. **Responsabilidade e controle:** É preciso definir quem é responsável pelas decisões tomadas por IA's e como garantir que elas sejam usadas de forma ética e responsável.

A Suécia país que figura no topo do ranking global como economia inovadora, ao tempo em que criou o hub AI Sweden em 2019, reunindo os diversos setores da sociedade buscando o benefício de todos e da competitividade, esboça preocupações diante da capacidade de embotamento do imaginário, da criatividade e da capacidade de pensar sozinha da geração que virá.

2. A REVOLUÇÃO PROVOCADA PELA INTELIGÊNCIA ARTIFICIAL E SUA REPERCUSSÃO NOS NEGÓCIOS

Para conjecturarmos o futuro da inteligência artificial (IA) no ambiente empresarial, é imprescindível refletir sobre algumas tendências que estão se consolidando e acomodando o cenário dos negócios cada vez mais. Em um mundo dialético, onde as mudanças e as transformações são uma constante, a IA emerge como um engenho de inovação que não apenas acompanha o tempo, mas, na verdade, o acelera. O que nos aguarda nesta jornada pela transformação digital?

Em um primeiro aspecto é essencial compreender que a personalização será o mote. Já não será mais suficiente oferecer serviços genéricos e padronizados para o público em geral. Empresas que utilizam IA para analisar o comportamento e as preferências dos consumidores conseguirão oferecer experiências sob medida, gerando a fidelização de seus clientes.

Imagine a sensação de receber uma recomendação de produto ou serviço que parece ter sido feita sob medida para você. Isso traz uma conexão emocional que transcende o simples ato de consumo e transforma clientes em defensores da marca. Pense nisso.

Não podemos deixar de observar que a automação inteligente está redefinindo o cenário operacional. Imagine um panorama em que os afazeres repetitivos e enfadonhos são delegados a sistemas autônomos, permitindo que os colaboradores de determinada empresa se dediquem a atividades mais estratégicas e de gestão. A título de exemplo podemos trazer a situação em que as equipes de marketing, ao incorporarem ferramentas de IA, conseguem automatizar campanhas e analisar suas métricas em tempo real, ajustando estratégias automaticamente conforme a resposta do público. Temos no exemplo a otimização do tempo, com a maximização do retorno sobre o investimento.

Um aspecto perturbador é a integração da IA com outras tecnologias disruptivas[14][15]. O diálogo entre

---

[14] Podem ser compreendidas como todas as ferramentas que rompem barreiras de algum modo. É qualquer produto que auxilia a inovar de alguma forma e substituir a forma comum de fazer algo, por uma forma mais eficiente e ágil. Em geral, tecnologias disruptivas provocam grandes transformações e impactos.
[15] LEME, Ana Carolina Reis Paes; RODRIGUES, Bruno Alves. Tecnologias disruptivas e a exploração do trabalho humano. **CEP**, v. 1224, n. 003, 2017.

inteligência artificial, Internet das Coisas (IoT)[16] e blockchain[17] encena não apenas otimizar operações, mas transformar a maneira como concebemos segurança e transparência em relações negociais. Imagine dispositivos interconectados que não só comunicam dados entre si, como também cumprem ações baseadas nessas informações, enquanto conservam-se imunes a fraudes devido à segurança oferecida pelo *blockchain*. É um futuro que se tornou presente.

Tamanha evolução , que inaugura tantas novas oportunidades vem seguida de provocações igualmente significativas. O mundo da IA não é livre de riscos, principalmente na questão da cibersegurança, uma das maiores preocupações atuais. À proporção em que mais dados são coletados e estudados, a proteção dessas informações assume papel prioritário. Empresas que desejam sobressair como destaques na era digital necessitam investir em segurança meticulosa e em protocolos que afiancem a integridade dos dados e fortaleçam a confiança dos clientes.

---

[16] SANTOS, Bruno P. et al. Internet das coisas: da teoria à prática. **Minicursos SBRC-Simpósio Brasileiro de Redes de Computadores e Sistemas Distribuıdos**, v. 31, p. 16, 2016.

[17] A tecnologia blockchain pode ser entendida como um mecanismo de banco de dados avançado que possibilita o compartilhamento transparente de informações na rede de determinada empresa. Um banco de dados blockchain permite o armazenamento de dados em blocos interligados em uma cadeia.

A reflexão que ora encetamos sobre o futuro da inteligência artificial ressalta que as constantes evoluções na tecnologia não são intercorrência sem importância e efêmera, mas sim a configuração de novos paradigmas. Pergunto: Você, como profissional e/ou empreendedor (a), está preparado (a) para se adaptar a essas inovações? Veja que ela já está à sua porta. Apenas agora se tornou mais perceptível. Qual as modificações a implementar no seu plano de negócios e em sua estratégia empresarial? Se não acompanharmos a partir de agora essas transformações, e isso ainda é possível, nos tornaremos obsoletos e ficaremos na estação vendo o trem da revolução digital partir.

Ao visualizarmos as múltiplas faces do prisma dessa transformação, vislumbramos que o caminho à frente não envolve apenas tecnologia; mas ética, responsabilidade e compromisso seleto com o bem-estar coletivo. Apesar dos temores ante os muitos desafios que hão de surgir, a probabilidade de conformar um futuro mais conectado, eficiente, eficaz e justo ainda está em nossas mãos. A revolução da inteligência artificial nos negócios está em processo.

2.1.   Principais Tecnologias de IA Aplicadas aos Negócios

Na medida que nos aprofundamos nas inovações que a IA traz a lume na inovação empresarial, é de fundamental importância que apreendamos as tecnologias efetivas que estão afeiçoando o mundo empresarial. Aqui, cabe-nos a reflexão com o objetivo de procurar por cada uma delas.

Podemos listar dentre as várias Inteligências Artificiais em uso na contemporaneidade as seguintes, advertindo que vários recursos hoje utilizam IA's integradas.

Processamento de Linguagem Natural:

ChatGPT (OpenAI): Geração de texto, tradução, diálogo.

Bard (Google): Semelhante ao ChatGPT, com foco em diálogo e busca.

LaMDA (Google): Diálogos mais naturais e complexos, com foco em conversação.

Claude (Anthropic): IA conversacional com foco em segurança e ética.

Jasper: Criação de conteúdo de marketing, com foco em textos persuasivos.

Rytr: Assistente de escrita para diversas finalidades, como e-mails e artigos.

QuillBot: Parafraseador e aprimorador de textos, com foco em clareza e estilo.

Grammarly: Correção gramatical e estilo, com foco em textos acadêmicos e profissionais.

DeepL: Tradução de alta qualidade, com foco em nuances e expressões idiomáticas.

Wordtune: Refinamento de frases, com foco em tom e estilo.

Writesonic: Geração de conteúdo de marketing, com foco em SEO.

Anyword: Otimização de textos para conversão, com foco em marketing digital.

Copy.ai: Geração de textos de marketing, com foco em redes sociais.

ShortlyAI: Assistente de escrita para longas formas de conteúdo.

Sudowrite: Escrita criativa com IA, com foco em histórias e poemas.

InferKit: Geração de texto com foco em histórias interativas.

AI Dungeon: Criação de jogos de aventura baseados em texto.

Geração de Imagem:

DALL-E 2 (OpenAI): Criação de imagens a partir de texto, com foco em realismo.

Stable Diffusion: Alternativa open-source ao DALL-E 2, com foco em flexibilidade.

Midjourney: Geração de imagens artísticas, com foco em estética e estilo.

Craiyon (anteriormente DALL-E mini): Versão mais leve do DALL-E, com foco em acessibilidade.

Dream by WOMBO: Criação de imagens em diferentes estilos artísticos.

Artbreeder: Geração e modificação de retratos e personagens.

Deep Dream Generator: Criação de imagens surrealistas e abstratas.

This Person Does Not Exist: Geração de rostos humanos realistas.

Generated Photos: Banco de imagens com fotos geradas por IA.

Geração de Código:

GitHub Copilot: Auxilia na escrita de código, com foco em sugestões e autocompletar.

Tabnine: Complementação de código com IA, com foco em diferentes linguagens.

Amazon CodeWhisperer: Similar ao Copilot, da Amazon, com foco em segurança.

Replit Ghostwriter: Assistente de codificação em tempo real, com foco em colaboração.

DeepCode: Análise de código para encontrar bugs e vulnerabilidades.

Kite: Complementação de código com foco em Python.

Codota: Complementação de código com foco em Java.

Música e Áudio:

Amper Music: Composição musical com IA, com foco em trilhas sonoras e jingles.

Jukebox (OpenAI): Geração de música em diversos estilos, com foco em originalidade.

Murf.ai: Clonagem e geração de voz, com foco em dublagem e narração.

Descript: Edição de áudio e vídeo com transcrição, com foco em podcasts e vídeos.

LANDR: Masterização de áudio com IA, com foco em qualidade profissional.

AIVA: Composição musical com IA, com foco em música clássica e orquestral.

Boomy: Criação de músicas com IA, com foco em facilidade de uso.

VoiceMod: Modificação de voz em tempo real, com foco em jogos e streaming.

Vídeo:

Synthesia: Criação de vídeos com avatares humanos, com foco em apresentações e treinamentos.

Pictory.ai: Criação de vídeos curtos a partir de conteúdo longo, com foco em marketing.

Runway ML: Edição de vídeo com IA, com foco em efeitos visuais e animações.

Repurpose.io: Reprovação de conteúdo de vídeo em diferentes plataformas.

Steve.ai: Criação de vídeos animados com IA, com foco em marketing e educação.

InVideo: Plataforma de edição de vídeo com recursos de IA.

Pesquisa e Navegação:

Google Search: Utiliza IA para ranqueamento e resultados, com foco em relevância.

Bing: Com integração do ChatGPT para respostas e conversas, com foco em interação.

You.com: Motor de busca com IA e interface conversacional, com foco em personalização.

DuckDuckGo: Motor de busca com foco em privacidade, com recursos de IA para resultados.

Ecosia: Motor de busca que planta árvores, com recursos de IA para resultados.

Produtividade e Automação:

Notion AI: Assistente de escrita e organização no Notion, com foco em produtividade.

Otter.ai: Transcrição de áudio em tempo real, com foco em reuniões e entrevistas.

Fireflies.ai: Gravação e resumo de reuniões, com foco em organização.

Zapier: Automação de tarefas entre aplicativos, com foco em integração.

UiPath: Automação de processos robóticos (RPA), com foco em empresas.

Automation Anywhere: Plataforma de RPA com foco em automação inteligente.

Microsoft Power Automate: Ferramenta de automação de fluxos de trabalho.

IFTTT: Plataforma de automação para conectar aplicativos e dispositivos.

Redes Sociais e Marketing:

Facebook: Utiliza IA para recomendações e moderação, com foco em engajamento.

Instagram: IA para reconhecimento facial e filtros, com foco em conteúdo visual.

TikTok: Recomendação de conteúdo com IA, com foco em vídeos curtos.

HubSpot: Plataforma de marketing com recursos de IA, com foco em automação.

Persado: Geração de conteúdo de marketing persuasivo, com foco em conversão.

SproutSocial: Gerenciamento de redes sociais com IA, com foco em análise.

Buffer: Agendamento de posts em redes sociais com IA, com foco em otimização.

Hootsuite: Gerenciamento de redes sociais com IA, com foco em monitoramento.

Saúde:

PathAI: Diagnóstico de doenças com IA, com foco em patologia.

IDx-DR: Detecção de retinopatia diabética, com foco em diagnóstico precoce.

Paige: Análise de imagens médicas, com foco em oncologia.

Tempus: Análise de dados genômicos para tratamento de câncer.

Babylon Health: Plataforma de saúde com IA para consultas e diagnósticos.

Ada Health: Assistente de saúde com IA para triagem de sintomas.

Finanças:

Stripe: Detecção de fraudes em pagamentos, com foco em segurança.

Brex: Gerenciamento de despesas com IA, com foco em empresas.

Robinhood: Plataforma de investimentos com IA, com foco em acessibilidade.

Affirm: Financiamento com IA, com foco em crédito.

Upstart: Avaliação de crédito com IA, com foco em inclusão.

Betterment: Plataforma de investimento com IA, com foco em planejamento financeiro.

Jogos:

AlphaGo (DeepMind): IA que derrotou campeões de Go, com foco em aprendizado profundo.

OpenAI Five: IA que joga Dota 2, com foco em trabalho em equipe.

AI Dungeon: Geração de histórias interativas, com foco em RPG.

This War of Mine: Jogo com IA que simula a vida de civis em guerra.

No Man's Sky: Jogo com IA que gera universos infinitos.

Outras:

Duolingo: Aprendizagem de idiomas com IA, com foco em personalização.

GrammarlyGO: Assistente de escrita generativo, com foco em comunicação.

Character.AI: Criação de chatbots com personalidades, com foco em interação.

Replika: Chatbot com IA para companhia e conversação.

Elsa Speak: Aprendizagem de inglês com IA, com foco em pronúncia.

Google Maps: Navegação com IA, com foco em rotas e trânsito.

Waze: Navegação com IA, com foco em informações em tempo real.

Tesla Autopilot: Sistema de assistência ao motorista com IA.

Netflix: Recomendação de filmes e séries com IA.

Spotify: Recomendação de músicas com IA.

Amazon Alexa: Assistente virtual com IA.

Google Assistant: Assistente virtual com IA.

Apple Siri: Assistente virtual com IA.

IBM Watson: Plataforma de IA para diversas aplicações.

Salesforce Einstein: IA para CRM e vendas.

Adobe Sensei: IA para produtos Adobe Creative Cloud.

Vejamos o exemplo dos algoritmos de "aprendizagem de máquina". Imagine uma criança aprendendo a reconhecer diferentes tipos de frutas.

De início, ela precisará de ajuda para identificar um abacaxi de uma maçã, um melão de um morango, mas, com o tempo, ela irá associando formas, cores e texturas, até acertar com muito mais facilidade. De forma semelhante, os algoritmos de aprendizagem de máquina utilizam dados para aprender e melhorar seu desempenho. A cada nova informação que recebem, eles se tornam mais precisos, permitindo que os usuários (no caso as empresas) façam previsões eficientes sobre o comportamento dos consumidores ou detectem fraudes com uma eficácia impressionante.

Temos ainda o "Processamento de Linguagem Natural (PLN)", que é a tecnologia por detrás das interações entre humanos e máquinas utilizando para isso a linguagem. Criemos a seguinte situação hipotética em que você tenta conversar com alguém que fala uma língua totalmente diferente da sua. A dificuldade reside não somente em traduzir textos, não é apenas sobre palavras, mas sobre as nuances linguísticas e seus significados. O PLN atua para superar essas barreiras, permitindo que computadores percebam, interpretem e respondam a comandos e perguntas humanas expressando-se de forma mais natural. Este tipo de tecnologia revoluciona o atendimento ao cliente, onde **chatbots** e assistentes virtuais tornam-se os "atendentes" que estão disponíveis 24 horas, melhorando a rapidez e a eficiência do serviço.

Por falar em eficiência, a "automação de processos", com ferramentas como a "Robotic Process Automation (RPA)", representa um marco nesta revolução. É uma tecnologia de **software** que facilita a construção, implantação e gerenciamento de robôs de software que emulam ações humanas interagindo com sistemas e **software** digital. Elabore a seguinte situação, com você envolvido em um trabalho repetitivo de preenchimento de planilhas: mais enfadonho, impossível. A RPA pode assumir essas tarefas manuais, permitindo que os colaboradores se concentrem em atividades que realmente exijam sua criatividade e raciocínio crítico. Não somente isso, a automação reduz erros e permite o aumento da produtividade das equipes.

Outra tecnologia fascinante que merece destaque e cada vez mais em uso é a "Rede Neural Profunda", que imita o funcionamento do cérebro humano. Uma Rede Neural Profunda (DNN) é um tipo de modelo de aprendizagem automática que copia e imita a forma como o cérebro humano processa a informação. Ao contrário dos algoritmos tradicionais, que seguem regras predefinidas, a DNN pode reter padrões a partir de dados e realizar previsões com base em experiências anteriores - tal como nós seres humanos. Imagine que você está treinando o seu gato para fazer alguns truques. Para conseguir o seu objetivo, necessita de numerosas repetições e correções em uma rotina de treinamento para que ele aprenda. Nesse caso, as redes neurais fazem algo semelhante: elas processam informações em múltiplas camadas, tornando-se gradativamente mais habilidosas na identificação de padrões complexos, tais como reconhecimento facial ou diagnóstico médico. Este tipo de tecnologia possibilita que as empresas examinem grandes itens de dados com eficiência, extraindo informações que um humano, devido às limitações cognitivas, levaria muito mais tempo para apreender.

Essas tecnologias, presente no nosso cotidiano, não são apenas conceitos abstratos, mas uma realidade em que estão transformando a maneira como vivemos, sentimos, expressamos e operamos. Quando as empresas passam a utilizar a IA, mais do que apenas atualizar suas ferramentas, reinventam em seu processo refazendo operações de modo a examinar como podem operar de maneira mais inteligente. Imaginemos, a título de exemplo, uma loja de shopping que, ao necessitar melhorar as suas vendas, integra essas tecnologias, passando a partir daí não apenas prever quais produtos estarão em alta, mas, também, a personalizar recorrências de contato com seus clientes e otimizar seu estoque com base em previsões ajustadas ao perfil previamente estabelecido em tempo real.

2.2. O prompt como instrução que direciona o processo criativo da IA

O termo "prompt"[18] tem se tornado cada vez mais popular por causa do seu papel crucial no universo do marketing e da criação de conteúdo, uma vez que funciona como instrução ou incitação que direciona e influencia o vetor ou processo criativo de sistemas com base em inteligência artificial.

Um *prompt* é um conjunto de instruções que são fornecidas a um LLM - Large Language Model[19] de forma a obter um resultado. Os *prompts* podem influenciar de modo acentuado os resultados suscitados pelos LLM, incluindo a severidade desses resultados. Neste contexto, a *prompt engineering* começa a ganhar uma especial importância, na tentativa de tornar mínimo o número de alucinações dos LLM.

---

[18] RASKIN, Cody et al. Prompt la supernovae are significantly delayed. **The Astrophysical Journal**, v. 707, n. 1, p. 74, 2009.

[19] LLM podem ser compreendidos como modelos de IA, *machine learning*, previamente treinados, de forma automática com enormes somas de textos para aprenderem a gerar linguagem humana. O ChatGPT, popularmente conhecido é um exemplo de um LLM que utiliza a tecnologia GPT (Generative Pre-trained Transformer).

Um prompt é essencialmente um conjunto de instruções que orienta a geração de conteúdos específicos por parte de sistemas baseados em IA.

Por exemplo, um **prompt** pode direcionar um sistema de Inteligência Artificial com fins a desenvolver um *post* de *blog* que trate sobre as convergências de consumo sustentável, explicitando o estilo e os pontos-chave a serem observados, incluindo palavras que podem ou não ser utilizadas, termos vedados e demais recomendações do gênero.

Podemos citar dentre os vários tipos de *prompts*: perguntas abertas, perguntas fechadas, comandos ou instruções, *prompts* criativos. Os *Prompts* mais importantes para criação de conteúdo são: *briefing*, criação de artigos, palavras-chave.

Ao elaborar um *prompt* mais claro auxilia a IA Generativa a apreender de forma assertiva o que o usuário deseja, produzindo, por consequência, resultado mais expressivos. Seria um comando de texto criado para que se chegue ao resultado almejado.

Perguntei ao "Google Gemini Advanced": como posso elaborar um prompt para garantir que a sua resposta seja mais assertiva ? ele me respondeu:

"Elaborar um prompt eficaz é crucial para obter respostas assertivas e relevantes de mim. Para te ajudar a construir prompts que gerem as melhores respostas, aqui vão algumas dicas:

1. Seja claro e específico:

- **Defina o contexto:** Quanto mais informações você fornecer sobre o que deseja, melhor.
  - Em vez de "Escreva um poema", tente "Escreva um poema curto sobre a beleza da natureza, com rimas e em estilo clássico".
- **Use palavras-chave relevantes:** Se você quer um texto sobre gatos, inclua palavras como "felino", "gatinho", "raças de gatos", etc.
- **Especifique o formato:** Se você quer uma lista, um parágrafo, um poema, um código, etc., deixe isso claro no seu prompt.
  - Exemplo: "Liste 5 vantagens de usar energia solar" ou "Escreva

um código em Python para calcular a área de um círculo".

2. Forneça exemplos:

- Se você tem um estilo específico em mente, forneça exemplos de textos, imagens ou códigos semelhantes ao que você deseja.
- Exemplo: "Escreva uma história infantil curta no estilo de 'O Pequeno Príncipe', sobre um menino que viaja pelo espaço".

3. Defina a persona:

- Se você quer que eu responda como um especialista, um personagem fictício ou com um tom específico, defina a persona no prompt.
- Exemplo: "Responda como um cientista de dados: quais as principais tendências em Inteligência Artificial?" ou "Imagine que você é o Sherlock Holmes. Como você resolveria este mistério: [insira o mistério]?".

4. Divida tarefas complexas:

- Se você tem uma tarefa complexa, divida-a em etapas menores e mais simples.
- Exemplo: Em vez de pedir para "Criar um plano de marketing completo", peça primeiro para "Definir o público-alvo para um novo produto de tecnologia voltado para jovens".

5. Experimente e refine:

- Nem sempre o primeiro prompt gera o resultado ideal. Experimente diferentes abordagens, refine seus prompts e aprenda com as respostas que eu gero.
- Use as minhas respostas como ponto de partida para novos prompts. Se a resposta não foi exatamente o que você esperava, reformule o prompt com base no que foi gerado.

6. Seja paciente e explore:

- Tenha em mente que eu estou em constante aprendizado. Às vezes, posso precisar de mais informações ou de um prompt reformulado para entender completamente a sua intenção.

- Explore as minhas capacidades! Teste diferentes tipos de prompts, use a criatividade e descubra novas maneiras de interagir comigo.

Lembre-se, quanto mais preciso e detalhado for o seu prompt, mais assertiva e útil será a minha resposta."

Ao fazer a mesma pergunta ao ChatGPT 4° mini ele respondeu de forma incompleta:

"Para elaborar um prompt mais assertivo e garantir que uma resposta seja mais precisa, você pode seguir estas diretrizes: 1. **Seja claro e direto**: Defina exatamente o que você espera da resposta. Evite ambiguidade. Exemplo"

Vamos supor que você deseja desenvolver uma nova técnica de venda de veículo. Como você poderia perguntar à IA? O usuário iniciante, com certeza irá perguntar mais ou menos da seguinte forma: como posso melhorar minha técnica de venda de um veículo da marca x ? A IA irá traçar inicialmente os passos para você fazer isso. Em seguida você poderá fazer uma segunda pergunta: elabore um texto para que eu possa seguir para vender um carro da marca x. A falta de elementos para a elaboração pela IA fará com que ela formate um texto incompleto, mas sugerindo que você mencione as características do veículo. Irá provavelmente sugerir 2 ou 3. Em seguida indicará um passo a passo do que você deve fazer.

Logicamente, há formas mais eficientes de se criar um *prompt* para que a IA produza resposta que atenda ao que o usuário verdadeiramente anseia obter. A seguir indico um passo a passo para que você possa instruir a IA de modo que ela entregue a resposta que você necessita:

A. **Forneça um contexto o mais detalhado possível:** escreva a partir de informações básicas e siga descrevendo o que você precisa saber de modo que a IA possa compreender melhor o texto como um todo;
B. **Seja específico e claro:** busque historiar de forma detalhada e clara;
C. **Crie mais de um Prompt:** para que a IA possa entender melhor determinada ideia, por vezes é necessário elaborar vários prompts para com fins à compreensão dela, do que você quer;
D. **Revise o texto elaborado por você e procure erros de português, não esquecendo a**

concordância: para evitar tumultos, sempre averigue se escreveu impecavelmente obedecendo as regras de gramática e ortografia;

E. **Liste exemplos:** se você obtiver um retorno incipiente, especifique com exemplos para que a IA compreenda o que quer dizer;

F. **Elabore perguntas específicas com apoio na resposta que a IA lhe forneceu:** na proporção em que a IA for gerando respostas, é importante você realizar outras perguntas com fins a refinar o resultado e, assim conseguir dados mais eficientes para o resultado almejado.

Os *prompts* otimizam o tempo e agilizam o processo de gestação de conteúdo ao fornecer um vetor claro desde o início. Instruções claras diminuem a necessidade de multíplices revisões e dos ajustes respectivos.

2.3. A utilização da IA no Marketing Digital

Os casos de uso prático da inteligência artificial no contexto empresarial, principalmente no marketing digital, são tão variados quanto impressionantes. Vejamos algumas, das várias aplicações concretas que demonstram o poder transformador dessa tecnologia, notadamente no âmbito do marketing digital e da tomada de decisão.

O marketing digital faz referência à promoção de produtos ou marcas através de uma ou mais formas de meios digitais. E aí várias razões apontam par a necessidade de investir no setor digital, como o fato de buscarmos informações sobre produtos na internet e ser ela o principal meio de nos comunicarmos atualmente. A digitalização, sem dúvidas, é a transformação mais importante do nosso tempo. Está impactando todos os aspectos dos negócios.

Entre as atividades do marketing digital temos as campanhas publicitárias que se difundem utilizando-se as tecnologias de informação e comunicação, com promoções de vendas que alcançam os dispositivos móveis através de sistemas de geolocalização, com atividades e promoções orientadas ao consumidor. Se você pesquisa, por exemplo sobre lixeira, logo irá encontrar onde você acessar, promoções e ofertas nesse sentido.

Um grande obstáculo ao marketing digital é a Lei Geral de Proteção de Dados – LGPD[20] . Isso porque ela impõe obstáculos em relação ao tratamento

---

[20] Lei n.º 13.709, de 14 de agosto de 2018, com a redação dada pela Lei n.º 13.853 de 2019.

de dados pessoais, inclusive nos meios digitais, seja por pessoa natural ou jurídica, de direito público ou privado.

Na especificidade do marketing digital[21], empresas estão adotando estratégias inovadoras que utilizam IA para segmentar seus clientes. Nessa nova vertente, um vendedor que, antes tateava no escuro, agora é capaz de personalizar cada interação com informações detalhadas sobre cada cliente e com uma velocidade absurda. É como ter um assistente pessoal que conhece seus gostos e preferências, antecipando as suas necessidades antes mesmo de você as expressar. Um exemplo claro é o uso de algoritmos preditivos[22] que ponderam dados históricos de comportamentos de aquisição. Esses algoritmos permitem que marcas como a Amazon criem sugestões de produtos personalizados, transformando a experiência do cliente em momentos únicos e envolventes.

---

[21] TORRES, Claudio. **A bíblia do marketing digital: tudo o que você queria saber sobre marketing e publicidade na internet e não tinha a quem perguntar**. Novatec Editora, 2018.

[22] Funcionam em etapas sequenciais: Primeiro, são alimentados com dados históricos e variáveis que são importantes para o objetivo desejado. A seguir, são identificados padrões de comportamento e correlações entre os dados. E, por fim, o algoritmo oferece previsões e recomendações de ações para o futuro.

As enormes dificuldades de captar, reter e fidelizar através da rede levaram a três tipos de estratégia:

Marketing de atração: conhecido como *inbound marketing*. Utilizam suas ferramentas para atrair a seu público de forma que seja o consumidor o que aquiesce à marca de maneira proativa. O público se sente atraído pela informação que aporta a marca mediante o uso de *contente marketing* ou *branded contente*, que persegue três tipos de objetivos: informação, educação e entretenimento.

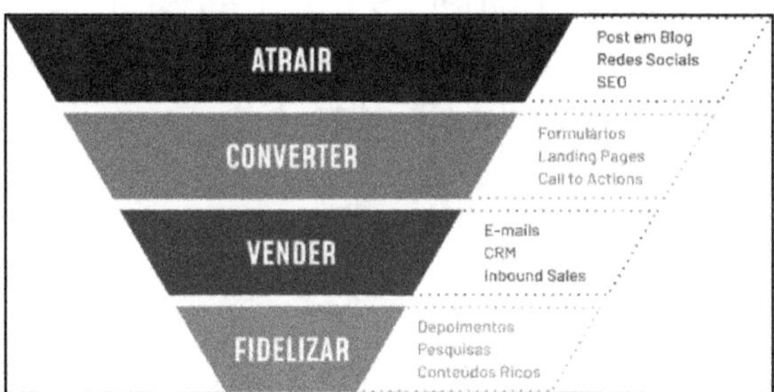

Marketing de retenção: o seu objetivo é manter o cliente. Fundamenta-se na realidade de que custa menos o ponto de vista do ROI manter um cliente do que conquistar um cliente novo. E aí precisamos diferençar reter de fidelizar o cliente, sendo esta última o conjunto d estratégias com fins a criar uma marca que seja apreciada por seus clientes, estabelecendo dificuldades à concorrência. É o relacionamento entre o cliente e a marca e como a empresa agrega valor a esse consumidor. Veja abaixo o funil de retenção:

O foco principal é a maneira como são construídas as relações e a conexão entre a empresa e seus clientes[23]:

---

[23] NICKELS, Willian G.; WOOD, Marian Burk. Marketing Relacionamentos, Qualidade, Valor, 1999.

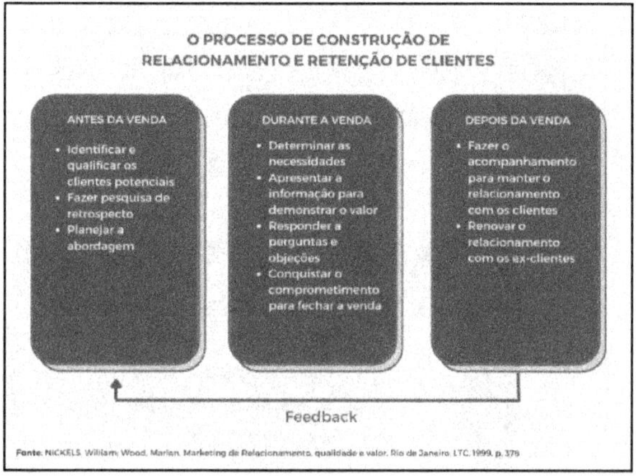

Fonte: NICKELS, William; Wood, Marian. Marketing de Relacionamento, qualidade e valor. Rio de Janeiro: LTC, 1999, p. 376

Para fidelizar um cliente, atualmente, as marcas trabalham estratégias baseadas no conteúdo e no bom uso de suas bases de dados, porque é fundamental ter seu contato para poder otimizar a experiência. Com esse tipo de marketing, desde o início, as marcas oferecem informação para que o cliente aproveite todas as capacidades reais e participe de uma relação personalizada com o máximo de experiência. Nesse sentido podemos considerar a *newsletter* como uma ferramenta potente.

Marketing de recomendação: as marcas buscam que os clientes falem bem delas em seu entorno, a seus familiares, amigos e colegas. Isso tem grande impacto nas redes sociais, sendo conhecido no Brasil como "propaganda boca a boca". Com a disseminação das redes sociais o brasileiro passa em média quatro horas por dia nas mídias sociais, principalmente no *Instagram*, olhando *reels, stories* e *feeds.*

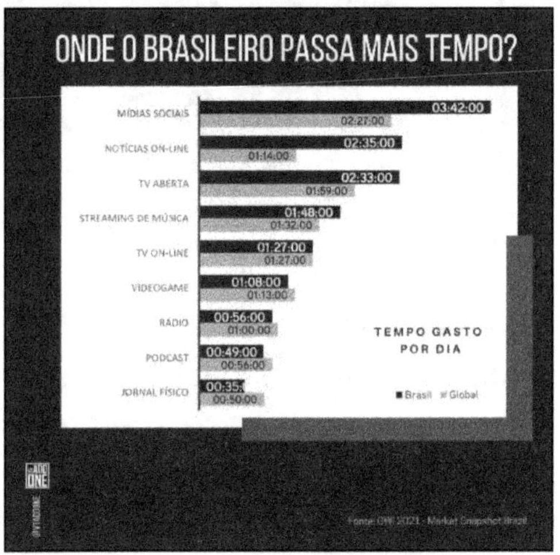

Fonte: GWI 2021 – Maket Snapshot Brazil

Não poderíamos esquecer o marketing viral ou *buzz marketing* com seis requisitos:

1. Conceito ou ideia criativa e original para engajar pessoas;
2. Deve ser uma transmissão simples;
3. Tem que ser escalável e suportar o crescimento exponencial;
4. Deve explorar o que motiva o comportamento humano;
5. Utilização das redes sociais;

6. Utilizar os recursos de outros para massificiar a mensagem e conseguir notoriedade.

Um grande revendedor de eletrônicos utilizou IA em suas campanhas de marketing. A empresa segmentou seu público com base em comportamentos online, resultados de pesquisas e compras anteriores. Com isso, a comunicação tornou-se relevante para cada grupo, resultando em aumento significativo na taxa de cliques e conversões.

Outro aspecto fascinante da IA no marketing é o uso de *chatbots*, já mencionados anteriormente. Esses assistentes virtuais estão revolucionando o atendimento ao cliente, proporcionando respostas imediatas e precisas a perguntas frequentes. Com um *chatbot* bem projetado, as empresas conseguem não apenas reduzir o volume de trabalho dos operadores, mas também aprimorar a experiência do cliente, que valoriza respostas rápidas. A IKEA, maior retalhista de móveis do mundo, implementou um *chatbot* que consegue guiá-lo na compra de móveis, ajudando na escolha com base em preferências e esclarecendo dúvidas em tempo real. Essa integração não apenas otimizou o atendimento, mas também fortaleceu a reputação da marca entre consumidores que buscam conveniência.

Além do marketing, a otimização da tomada de decisão é um dos pontos de destaque onde a IA mostra sua força. Ferramentas de análise de dados baseadas em inteligência artificial estão permitindo que empresas avaliem seu desempenho em tempo real, ajustando estratégias de forma quase instantânea. Vejamos o caso de um time de vendas que, com a ajuda de IA, tem acesso a *dashboards*[24] que atualizam constantemente os resultados de vendas, podendo assim identificar rapidamente quais produtos estão indo bem e quais precisam melhor observação para reavaliação. Esse *feedback* em tempo real é importante, especialmente em um mercado cada vez mais competitivo, onde a agilidade pode determinar quem ganha ou perde um negócio.

Um estudo de caso extraordinário é o de uma empresa de logística que adotou soluções de IA para monitorar e prever a eficiência de suas operações. Com uma análise minudente de dados, a empresa descobriu padrões de demanda que ajudaram a otimizar sua cadeia de suprimentos, reduzindo custos e aumentando a satisfação do cliente. Assim, ao integrar a tecnologia em suas atividades, conseguiram não apenas se manter à frente dos concorrentes, mas,

---

[24] Apresenta os dados de forma visual e prática. É uma ferramenta gráfica. Permite o monitoramento visual de números, métrica e KPIs (*Key Performance Indicators*).

também, elevar a experiência do cliente para novos patamares.

As vantagens que a inteligência artificial traz para o marketing digital e para a tomada de decisões estratégicas estão se tornando diferencial para o sucesso empresarial. Essas tecnologias não apenas melhoram a eficiência operacional, como também criam uma conexão mais profunda com o consumidor, proporcionando experiências personalizadas que valorizam cada interação. À medida que continuamos essa jornada de exploração, fica clara a necessidade dos gestores abraçarem a inteligência artificial como um aliado crucial em suas estratégias a médio e longo prazo.

À medida que as tecnologias de IA prevalecem, vemos uma integração com a análise de dados para promover práticas empresariais sustentáveis. Imagine uma empresa que usa inteligência artificial para monitorar e otimizar o consumo de energia. Isso não apenas reduz custos, mas também demonstra um compromisso com a responsabilidade corporativa em relação ao meio ambiente, algo cada vez mais valorizado no mercado. Em um outro aspecto, pode ser integrada também à pesquisa e avaliação constante do clima organizacional, com alertas aos setores administrativo e de recursos humanos da empresa, para adotarem as medidas correspondentes.

O que fica claro é que a aplicação contínua da inteligência artificial nas operações empresariais não é uma mera tendência passageira, muito mais, é uma reconfiguração essencial da forma como concebemos os negócios. Portanto, é imprescindível que o empresário moderno compreenda não apenas como essas tecnologias funcionam, mas, igualmente, como implantá-las de forma estratégica e responsável para se destacar na área que atua.

2.4. A aplicação das ferramentas de IA com fins de auxiliar o empreendedorismo

Com o avanço da tecnologia em um ritmo cada vez mais acelerado e, junto com ela, novas oportunidades estão a surgir para os empreendedores principalmente na área de *startups*. A inteligência artificial é um fator importante e provocador de transformação, trazendo mais eficiência e, também, uma nova maneira de inovar e se conectar com o consumidor. Já fizemos no início desse capítulo um apanhado geral das ferramentas de IA disponíveis, desde as mais simples até as mais complexas, que têm o potencial de revolucionar a forma como os negócios operam.

É certo que nesse livro, que representa o início de nosso estudo nessa área tão promissora, não conseguiremos esgotar o tema. Mas, prometo que, com a edições vindouras, irei aprofundando e trazendo as novidades par você.

É certo que as ferramentas de IA variam imensamente em funcionalidade e aplicação, compreendendo desde algoritmos de simples automação até sofisticadas soluções de aprendizado de máquina que imitam a inteligência humana. Podemos lembrar, a exemplo, os sistemas de recomendação utilizados por empresas como Netflix e Amazon baseiam-se em algoritmos que avaliam a conduta dos usuários para sugerir conteúdos relevantes. Estas ferramentas não apenas melhoram a experiência do consumidor, mas, também, possibilitam um aumento significativo nas vendas, já que uma recomendação acertada pode representar a diferença entre um cliente que compra ou um que desiste de sua aquisição.

Além de coletar, armazenar e analisar dados, a IA está se consolidando como um elo importante no procedimento das operações empresariais, promovendo um cenário onde a personalização e a agilidade se tornam imperativos. Ao atentarmos para a revolução que a IA traz, é evidente que ela está rearranjando os paradigmas tradicionais do empreendedorismo. As empresas que adotam essas tecnologias estão colocando a inovação em primeiro plano, preparando-se para um futuro que já está às portas, onde a flexibilidade, a adaptabilidade e a agilidade são essenciais.

A nível de gestão de pessoas hoje se destacam dois termos muito importantes para o empreendedor que pretende alçar voos altos na era digital: resiliência e ressignificação.

Compreender as diversas ferramentas de IA e suas aplicações é o primeiro passo em direção a essa Nova Era. Existe um vasto horizonte de soluções, desde ferramentas que facilitam a análise preditiva, passando por *chatbots* que melhoram a experiência do cliente, até automações de processos que otimizam a produtividade das equipes. A relevância dessas ferramentas nos remete não apenas à eficiência operacional, mas à necessidade de um posicionamento proativo, onde a inovação se torna uma constante na cultura empresarial.

Mas aqui faço um alerta: cuidado para não entregar o processo criativo nas mãos da IA. Esse papel é seu. Utilize-a para ver os pontos fortes e fracos das suas ideias, no que você precisa melhorar. Isso representa o diferencial de quem utiliza as ferramentas como auxiliares, sem se tornar escravo delas.

São tantas que para saber a que certamente irá se encaixar nas suas necessidades, teremos que ver quais os seus projetos, o seu bom e velho plano de negócios no Ciclo de PDCA.

Ao utilizar essas ferramentas você vai descobrir quais as que melhor se adaptam para as suas necessidades. O empreendedor precisa adotar a tecnologia e, ao mesmo tempo, refletir sobre como ela pode servir a seus objetivos.

A transformação digital é um caminho repleto de possibilidades, onde a inteligência artificial surge como importante aliada. As aplicações práticas dessa tecnologia estão se expandindo rapidamente, fornecendo às empresas não apenas ferramentas para otimizar suas operações, mas, também, a capacidade de se conectarem de maneira mais significativa com seus clientes. Vamos em busca de como a IA pode ser a chave para desbravar novos rumos no mundo dos negócios. E, às vezes pode ser mais importante aperfeiçoar o que já se tem, com o bom e velho *benchmarking* em busca de uma avaliação justa de como está o desempenho de sua estratégia.

Se você deseja ferramentas que ofereçam soluções completas e recursos para diversas aplicações, como análise de dados, automação e desenvolvimento de IA, você poderá utilizar o *Google Cloud AI Platform*, a *Amazon Web Services (AWS)*, e a *Microsoft Azure*.

Para geração de conteúdo, com a criação de textos de marketing, descrição de produtos, ou *posts* para divulgação nas mídias sociais, podem ser utilizados o *Jasper* e o *Copy.ai* . Mas, se você busca a melhora da precisão e relevo dos resultados de pesquisa em sítios e plataformas de *e-commerce*, talvez o ideal seja o *Algolia* ou o *Coveo.* Escolher a que mais se adequa à sua necessidade faz parte da necessária experiência pessoal, devendo sempre observar as necessidades específicas da empesa, medindo o custo-benefício.

A escolha da ferramenta certa requer planejamento, investimento e elaboração clara da estratégia para garantir o sucesso da empreitada.

Para turbinar suas vendas você poderá utilizar:

I.   Os Chatbots e assistentes virtuais:

a) **Qualificação de *leads*:** Interagem com os visitantes e/ou usuários do *site*, coletam informações e qualificam *leads*, direcionando-os para a equipe de vendas.
Exemplos: *Drift, Intercom, Chatfuel.*

b) **O Agendamento de reuniões:** Agendam automaticamente reuniões com os clientes em potencial, otimizando o tempo da equipe de vendas.
Exemplos: *Calendly, HubSpot Meetings, Chili Piper.*

c) **O Suporte 24/7:** Formato de atendimento 24h por dia e 7 dias por semana. Fornecem suporte aos clientes em tempo real, respondem a perguntas frequentes e resolvem problemas simples, mesmo fora do horário comercial.
Exemplo: *Agent Assist*

II. **A Análise preditiva e o *Machine Learning*:**

a) **Previsão de vendas:** Analisam dados históricos e tendências de mercado com o objetivo de prever as vendas futuras, ajudando na tomada de decisões estratégicas.

Exemplos: *Salesforce Einstein, Zoho CRM.*

b) **Identificação de clientes em potencial:** Analisam elementos demográficos, comportamentais e de interação para identificar os clientes mais predispostos a comprar.

Exemplos: *Lattice Engines, 6sense.*

c) **Personalização da experiência do cliente:** Aconselham produtos e ofertas relevantes com base no histórico de compras e preferências do cliente.

Exemplos: *Amazon Personalize, Dynamic Yield.*

III. **Ferramentas de automação de vendas:**

I. **Automação de e-mails:** Enviam e-mails personalizados em escala, automatizando campanhas de marketing e *follow-up* com clientes.

Exemplos: *Mailchimp, ActiveCampaign, GetResponse.*

II. **Gerenciamento de CRM:** Organizam e gerenciam as informações dos clientes, automatizam tarefas e fornecem *insights* para aprimorar o relacionamento com os clientes.
Exemplos: *Salesforce, HubSpot, Pipedrive.*

III. **Prospecção de vendas:** Automatizam a busca por *leads* classificados em diversas plataformas, como *LinkedIn* e redes sociais.
Exemplos: *LinkedIn Sales Navigator, Lusha.*

IV. **Geração de conteúdo e otimização de marketing:**

a) **Criação de conteúdo:** Geram textos de marketing, descrições de produtos e *posts* de mídia social, potencializando o tempo da equipe de marketing.
Exemplos: *Jasper, Copy.ai, Anyword.*

b) **Otimização de anúncios:** Examinam o desempenho de campanhas de marketing e acertam os anúncios

automaticamente para maximizar o retorno do investimento.
Exemplos: *Google Ads, Facebook Ads.*

V. **Outras IA's que podem ser ainda indicadas:**

a) **Análise de voz e transcrição:** Analisam chamadas de vendas para identificar *insights* e oportunidades de melhoria.
Exemplos: *Gong, Chorus.ai.*

b) **Precificação dinâmica:** Ajustam os preços dos produtos em tempo real com apoio na demanda, sazonalidade e comportamento do consumidor.
Exemplos: *Beyond Pricing, Prisync.*

No item II citamos a Análise preditiva que permite avaliar um conjunto de dados, detectar padrões e demonstrar informações importantes que possibilitem à empresa identificar tendências a nível quantitativo. Merece destaque a sua capacidade de realizar análises com antecipação, com antecedência[25]. Ao prever flutuações nas vendas, uma empresa pode consertar seu inventário antes mesmo da diminuição ou aumento real ocorrer, economizando recursos e aprimorando a sua eficiência. No gráfico abaixo se pode ver as diferenças entres os diversos tipos de análise.

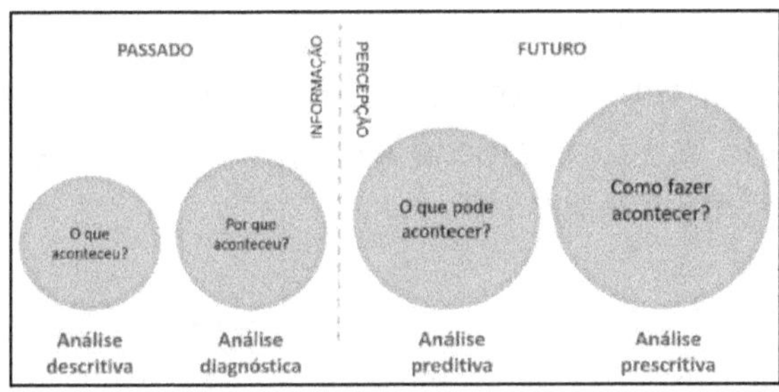

Em "Taming the big data tidal wave" " (Franks & Davenport, 2012)[26], o autor reconhece que as empresas possuem tantos dados, em tamanho volume ou muito complexos, que não podem analisá-los da forma tradicional. Essa é uma evolução em modo exponencial, expondo a nova fronteira da competição no mundo dos negócios.

---

[25]Indico a leitura para quem desejar aprofundar: MONTEIRO, Márcio Ozal de Abreu. **A análise preditiva sob o aspecto da regulação**. 2019. Tese de Doutorado.
[26] Franks, B., & Davenport, T. (2012). Taming the big data tidal wave. New Jersey: John Wiley & Sons, Inc. Hoboken.

Grandes redes varejistas que empregaram a análise preditiva para identificar a demanda por produtos em certas épocas do ano, principalmente nas de pico como dia das mães e natal, não apenas se prepararam adequadamente para temporadas de alta demanda, como também aprimoraram previamente as suas campanhas de marketing voltadas para o desejo de seus clientes. Ao analisar padrões, lançaram promoções que foram ao encontro de seu público, resultando em um retorno exponencial em relação ao investimento inicial.

Os *chatbots*[27] interagem com os consumidores em tempo real, oferecendo respostas às perguntas realizadas, agendando processando pedidos. Essa solução melhora a experiência do consumidor. A automação passa a ser vista não como uma ameaça, mas como uma parceira efetiva, gerando um equilíbrio saudável entre a tecnologia e a experiência. O "atendimento ao cliente 24/7" permite ao consumidor o acesso no seu tempo, alcançando em grande parte a fidelização do cliente.

A tendência moderna é a automação de processos, o que representa outra fronteira revolucionária na implementação da IA nos negócios. Processos que antes consumiam horas de trabalho

---

[27] Disponível em: https://www.blip.ai/blog/chatbots/tudo-sobre-chatbot/. Acesso em 17 de janeiro de 2024.

humano, agora podem ser realizados em questão de minutos ou segundos, tudo isso utilizando sistemas inteligentes. A disciplina gerencial BPM - Business Process Management tem se mostrado efetiva no embasamento à gestão de projetos em ambiências de céleres alterações e ganho de escala e, quando usada de maneira apropriada ao contexto aplicado, proporciona uma administração eficiente dos processos alinhando as necessidades estratégicas e de negócio ao progresso dos processos. As empresas que integram a automação em suas operações são beneficiadas com um aumento significativo na produtividade de seus processos.

Em que pese todas essas considerações é vital que os empreendedores não vejam a IA tão somente como uma série de ferramentas, mas enxerguem além, como uma oportunidade de modificação cultural que pode remodelar profundamente suas organizações. A chave para o sucesso está em perceber como essas aplicações podem ser utilizadas e interligadas para criar um ecossistema que maximiza os resultados. Para isso acontecer, entretanto, é essencial que os gestores estejam dispostos em investir na capacitação de suas equipes.

A jornada para integrar a inteligência artificial é desafiadora, daí precisar que seja feita de forma correta e consciente, para que alcance o resultado de crescimento exponencial em um ambiente empresarial dinâmico, preparado para enfrentar os desafios do futuro.

Um aspecto crucial da implementação de ferramentas de inteligência artificial no contexto do empreendedorismo é o comparativo entre as diversas soluções disponíveis no mercado, para se chegar àquelas que melhor se encaixam à necessidade da empresa. A escolha pode determinar o sucesso ou a frustração na adoção de novas tecnologias, e isso demanda um aprofundamento no entendimento do que cada uma pode oferecer.

Quando falamos sobre as ferramentas de IA, é essencial que os empreendedores entendam que o mercado é amplo e diversificado. Desde soluções que atendem a necessidades simples, como automação de e-mails, até plataformas complexas que usam aprendizado de máquina para965 analisar grandes volumes de dados, as opções são quase infinitas. E, apesar do entusiasmo gerado por essas inovações, é fundamental ter clareza sobre as aplicações que realmente se alinham às necessidades específicas dos negócios.

Um exemplo marcante são as plataformas de análise de dados. Aqui, o poder da IA se revela através de ferramentas como Google Analytics e Power BI, que se destacam ao transformar dados brutos em insights acionáveis. Com Google Analytics, por exemplo, um empreendedor pode identificar quais páginas do seu site atraem mais visitantes, enquanto o Power BI permite visualizar esses dados em relatórios interativos. Contudo, a escolha entre essas ferramentas deve ser guiada por suas características específicas: o que uma oferece em termos de facilidade de uso e integração com outras plataformas pode ser um diferencial decisivo na hora da decisão.

Por outro lado, em se tratando de atendimento ao cliente, temos soluções como Zendesk e ChatGPT. O Zendesk, por sua vez, oferece uma plataforma abrangente de suporte ao cliente, enquanto o ChatGPT traz uma experiência de interação mais direta e personalizada, capaz de adaptar suas respostas para atender de forma mais precisa às dúvidas dos usuários. Aqui, o empreendedor deve ponderar: é mais importante ter um sistema robusto de suporte que funcione como um centro de atendimento ou uma solução que proporcione interações mais personalizadas e dinâmicas? As necessidades do público-alvo e a capacidade da equipe em lidar com as demandas influenciarão essa decisão.

Na vertente da automação de processos, ferramentas como UiPath e Automation Anywhere se destacam na eficiência que trazem para a gestão de tarefas repetitivas. Essas soluções não apenas você configuram regras para operar tarefas sem intervenção humana, mas também em muitos casos, aprendem com as operações executadas, aperfeiçoando-se agradavelmente ao longo do tempo. No entanto, um cuidado especial deve ser tomado: a complexidade no processo de implementação dessas ferramentas pode gerar desafios para empresas que não estão preparadas para a mudança cultural que acompanha essa transformação. O que se ganha em eficiência pode ser recompensado por um treinamento intensivo das equipes e uma revisão dos fluxos de trabalho existentes.

Além disso, ao avaliar a escalabilidade das ferramentas, os empreendedores devem questionar se a solução escolhida poderá acompanhar o crescimento dos seus negócios. Aplicações que têm um custo fixo em relação ao número de usuários podem não ser as mais adequadas se houver uma previsão de expansão rápida. É crucial que as ferramentas possam ser ampliadas sem que isso represente um impacto significativo nos investimentos financeiros.

Ao considerar todas essas questões, vale a pena mencionar também o suporte e a comunidade em torno de cada ferramenta. Soluções que apresentam uma base de usuários ativa e uma boa documentação tendem a oferecer um suporte mais robusto na resolução de problemas e implementação. Um empreendedor que investir tempo e recursos em procurar plataformas que não apenas atendam suas necessidades imediatas, mas que também garantam aprendizado e troca de experiências ao longo do caminho, tende a colher bons frutos no futuro.

Por fim, a implementação de ferramentas de IA deve ser guiada por uma análise criteriosa que considera não apenas os objetivos imediatos, mas também a cultura organizacional, a capacidade de adaptação e o compromisso com a inovação. A tecnologia pode ser uma aliada poderosa, mas a sua eficácia depende de como os dinâmicos empresariais e pessoas se envolvem com ela.

Na próxima seção, aprofundaremos nossas reflexões em estudos de caso que demonstram a aplicação desse conhecimento em empresas reais, destacando como as escolhas feitas ao adotar ferramentas de IA impactaram positivamente suas operações e resultados. Prepare-se para histórias inspiradoras que não apenas ensinam lições valiosas, mas também mostram o potencial transformador da inteligência artificial no cotidiano dos negócios.

No universo empresarial atual, a adaptação à era digital é um imperativo e, dentro desse contexto, as ferramentas de inteligência artificial (IA) se destacam como aliadas essenciais. Neste trecho do nosso capítulo, vamos nos aprofundar em estudos de caso que revelam como empresas de diversos setores implementaram soluções de IA transformando seus processos e alcançando resultados surpreendentes.

Um exemplo inspirador é o da rede de restaurantes Domino's, que soube aproveitar a tecnologia para otimizar sua operação e oferecer uma experiência mais satisfatória aos seus clientes. Ao implementar um sistema complexo de IA que suporta recomendações personalizadas com base no histórico de pedidos dos usuários, a empresa conseguiu aumentar consideravelmente suas vendas. A solução não apenas facilita o processo de escolha do produto, mas também permite que o restaurante antecipe as preferências de seus clientes, gerando uma sensação de conexão e cuidado que se reflete na frequência de pedidos. Os resultados mostraram-se evidentes: em um determinado período, as vendas cresceram unânimes, e a satisfação do cliente foi medida através de feedbacks positivos, aumentando a fidelização à marca.

Outro caso digno de nota é o da gigante de cosméticos Sephora, que, ao adotar chatbots em sua plataforma, revolucionou a maneira como os consumidores interagem com seus produtos. Esses assistentes virtuais, capaz de realizar atendimentos 24/7, auxiliam os clientes na escolha de produtos, respondem perguntas sobre fórmulas, e até oferecem dicas de maquiagem. Graças à implementação da inteligência artificial, a Sephora não apenas melhorou a experiência do usuário, mas também conseguiu coletar dados valiosos sobre as preferências dos consumidores, permitindo que a empresa adaptasse suas campanhas de marketing e melhorasse continuamente sua linha de produtos. Em consequência, a ampliação nas vendas e o aumento no tempo de permanência dos clientes no site revelaram que essa estratégia de personalização se traduziu em crescimento efetivo.

Além disso, uma startup de logística, que enfrentava desafios enormes com a gestão de entregas, encontrou no uso da IA a solução que tanto necessitava. Ao integrar algoritmos de otimização de rotas, a empresa conseguiu reduzir automaticamente seus custos com transporte, preservar a pontualidade nas entregas e maximizar a satisfação do cliente. Os dados analisados revelaram padrões de tráfego e comportamentos de entrega, permitindo que a empresa adaptasse suas estruturas de trabalho e, assim, obteve um aumento de 30% na eficiência operacional. O impacto disso se refletiu diretamente nos resultados finais, permitindo à startup escalar suas operações de forma eficaz.

Esses estudos de caso demonstram que integrar a IA no coração das operações empresariais não é apenas uma alternativa viável, mas, sim, uma decisão estratégica que pode elevar a marca a novos patamares. As ferramentas de IA, quando bem implementadas, vão além da mera automação de processos; elas se tornam motores de inovação, possibilitando uma análise profunda de dados, uma interação personalizada com o cliente e um alinhamento eficaz na realização de objetivos corporativos.

É crucial que os empreendedores, os empresários, olhem para essas experiências como inspiração e oportunidade de aprendizado. A implementação da inteligência artificial deve ser vista não como um fim em si mesma, mas como um caminho para um futuro mais produtivo, permitindo às empresas não apenas se encaixarem em um novo ecossistema digital, mas também prosperarem e se destacarem nesse ambiente altamente competitivo. No próximo bloco, vamos discutir a importância de mensurar e avaliar os resultados da implementação, destacando métricas específicas que ajudam a quantificar o impacto positivo da IA nas operações dos negócios.

Ainda há tempo de acompanhar a evolução das Tecnologias de Informação e Comunicação e, em especial da Inteligência artificial. Contudo, já não é mais possível ficar à margem. Quem for utilizando aos poucos as diversas ferramentas conseguirá absorver com prática muitas delas.

3. ASPECTOS LEGAIS DO DIREITO DIGITAL

A introdução à inteligência artificial e sua importância nas dinâmicas comerciais é essencial para compreender o impacto dessa tecnologia. A IA está presente em diversos setores, otimizando processos, automatizando tarefas e fornecendo insights valiosos para a tomada de decisões.

Nas empresas, a IA pode aumentar a eficiência operacional, aprimorar a experiência do cliente e impulsionar a inovação. Portanto, o conhecimento sobre a IA e seu papel nas dinâmicas comerciais é fundamental para a competitividade e sustentabilidade dos negócios.

O direito digital é fundamental para as empresas, pois regula as atividades realizadas no ambiente digital, como o uso de dados e a proteção da privacidade dos usuários. Ao compreender as leis e princípios fundamentais do direito digital, as empresas podem evitar processos judiciais, multas e danos à sua reputação. Além disso, a legalidade no ambiente digital é essencial para demonstrar responsabilidade e ética, construindo a confiança dos consumidores e consolidando a credibilidade da empresa no mercado. Portanto, a compreensão e estudo do direito digital e sua relevância para as empresas é essencial para garantir a segurança e legalidade nas operações digitais.

3.1. O Surgimento do Direito Digital

O impacto da tecnologia no direito é um tema relevante e oportuno, visto que as inovações tecnológicas têm transformado não apenas a sociedade e o mundo dos negócios, mas também as práticas legais. Este impacto é evidenciado pelo surgimento do Direito Digital, que busca lidar com os desafios advindos do uso da tecnologia. Nesse contexto, torna-se fundamental compreender a relação intrínseca entre o Direito Digital e a tecnologia, bem como a necessidade de atualização constante diante das mudanças no cenário tecnológico, a fim de assegurar a eficácia das regulamentações legais. A internet foi um dos principais fatores influenciadores da revolução digital. A regulação da internet é uma discussão travada mundialmente.

Fonte: Pinterest

Nesse contexto, a interdependência entre tecnologia e legislação se torna clara. Compreender o direito digital não é apenas uma questão de seguir regulamentos, mas de abraçar uma mentalidade que vê a lei como um aliado na utilização de novas tecnologias. Essa fusão proporciona um ambiente de negócios onde a inovação pode prosperar e a proteção dos direitos individuais é respeitada.

O direito digital compreende o conjunto de normas e princípios que regulamentam as atividades concretizadas no ambiente virtual, envolvendo assuntos como privacidade, proteção de dados, responsabilidade civil e penal, entre outros. Com o aumento da tecnologia, o direito digital se torna cada vez mais proeminente, visto que as relações comerciais, contratuais e sociais, em grande parte, acontecem no meio digital. Por isso, é importante compreender essa área do direito e suas implicações no contexto atual. Lida com questões de ordem legal relacionadas ao mundo digital e tecnológico, envolvendo ainda a regulação no âmbito da internet, das redes sociais, o e-commerce, proteção de dados, contratos digitais, propriedade intelectual, a segurança cibernética e crimes virtuais como a fraude cibernética, *pishing*, invasão de dispositivos, sextorsão.

3.2. O Marco Legal do Direito Digital e o horizonte de sua aplicação

Por toda essa razão o Direito Digital vem sendo considerado como uma nova disciplina jurídica, com início nas duas últimas décadas. Para muitos o marco inicial desse Direito é, certamente, a Portaria Interministerial 147, de 31 de maio de 1995, editada pelos Ministérios da Comunicação e da Ciência e Tecnologia, que regulou o uso de meios da rede pública de telecomunicações para o provimento e a utilização de serviços de conexão à Internet.

Para Patrícia Peck Pinheiro, o Direito Digital é a consequência da evolução do Direito e abrange os princípios basilares e institutos vigorantes e que são aplicados, com a entrada de novos institutos e elementos contribuintes do pensamento jurídico, nas múltiplas áreas (2008, p. 29).

Vivemos a terceira onda da evolução da humanidade, a da informação. As duas últimas foram representados respectivamente pela revolução agrícola e a revolução industrial.

Sociedade 1.0
Predominava uma sociedade da caça, pesca e alimentação de frutos silvestres.

Sociedade 2.0
Uma sociedade agrária - Trabalhos realizados pela força humana e animal, arado.

Sociedade 3.0
Sociedade Industrial - Primeira e Segunda Revolução Industrial.

Sociedade 4.0
Sociedade da informação - Terceira Revolução Industrial: Computador e Internet.

Sociedade 5.0
Sociedade de uma nova consciência humana e da transformação digital - Quarta Revolução Industria.

A definição de direito digital engloba o estudo das normas e leis aplicadas ao ambiente digital, abrangendo aspectos como proteção de dados, segurança da informação, responsabilidade civil e penal, entre outros. Essa área do direito se aplica a diversas situações, envolvendo desde transações comerciais até questões de privacidade nas redes sociais, destacando-se, assim, como uma área de extrema importância no mundo contemporâneo.

No contexto atual, desempenha um papel significativo, uma vez que as interações sociais e comerciais ocorrem cada vez mais no meio digital. A importância dessa área do direito se reflete na necessidade de regulamentação e proteção dos indivíduos e empresas, garantindo a segurança, integridade e validade das transações e relações estabelecidas no ambiente virtual. Portanto, compreender a relevância do direito digital é essencial para todos os envolvidos no meio digital.

A importância e relevância dessa modalidade do Direito na atualidade recai sobre a necessidade de regulação específica para o ambiente online, considerando a alta concentração de atividades na internet e da evolução das tecnologias digitais. Proteger dados pessoais (LGPD), prevenir crimes "cibernéticos" e garantir a segurança jurídica nas diversas atividades do mundo digital são alguns dos embasamentos para a relevância do Direito Digital atualmente.

Podemos destacar dentre as principais áreas do Direito Digital a **Proteção de dados pessoais** onde se tem a regulamentação da coleta, armazenamento e uso de dados pessoais online, como nome, endereço, e-mail, entre outros, nos termos da Lei Geral de Proteção de Dados e demais normativas; a legislação penal que pune os **Crimes cibernéticos** no ambiente virtual, tais como falcatruas online, incursão de sistemas, roubo de dados e proliferação de vírus; as normas e dispositivos que regulam o **Comércio eletrônico** principalmente as transações comerciais online, nelas incluídas a venda de produtos e serviços, os contratos eletrônicos e os pagamentos *online*; a proteção à **Propriedade intelectual,** quanto aos direitos autorais de obras digitais, como *softwares*, livros, músicas, imagens e o uso de marcas e patentes *online*; os **Direitos do consumidor online** em transações por meio digital, como o direito de arrependimento, a garantia de produtos, a proteção contra publicidade enganosa; a garantia do Direito à **Liberdade de expressão por meio digital**, equilibrando o direito à liberdade de expressão com o combate ao discurso de ódio, a propagação dos *hoaxs* (*fake News*), os crimes contra a honra e as demais formas de abuso online; os **Contratos digitais** estabelecendo os critérios de validade e o modo de interpretação daqueles firmados por meio digital.

Ainda é preciso que se faça a distinção entre a Web que os usuários de internet em geral navegam, a *surface web* e a *deep web* e a *dark web*.

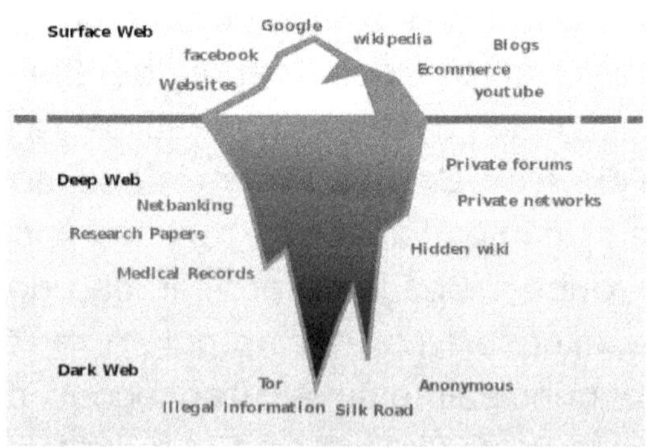

Fonte: controlf5

Nos anos noventa, os Estados Unidos da América conceberam um *software* que permitia a navegação anônima na internet, para servir àquelas pessoas que sofriam em regimes totalitários. Fo construído o "Tor", um *browser* gratuito que ocultava a identidade e a localização, em um processo chamado de *onion routing*, com a encriptação dos dados, dentre outras salvaguardas. Hoje é muito utilizado pelo submundo do crime, para a venda de drogas, de tráfico humano e outras atividades ilegais.

O surgimento das criptomoedas (onde a mais conhecida é o *bitcoin*) e de sua difícil rastreabilidade, de circulação universal sem depender do sistema bancário, favoreceu à lavagem de dinheiro.

3.3. Questões jurídicas complexas da ligação entre o Direito Digital e a Inteligência Artificial

A Inteligência Artificial, cada vez mais presente em nossas vidas, reclama a constante regulação e o Direito Digital precisa se adaptar constantemente à nova realidade. Várias situações possíveis, representativas de questões jurídicas complexas levantam hipóteses estarrecedoras: Quem é responsável quando um sistema de IA causa danos, como um carro autônomo que provoca um acidente?

(Responsabilidade Civil e Penal); Como garantir a privacidade e a segurança dos dados pessoais utilizados por sistemas de IA? (Questão atinente às responsabilidade da ANPD – Autoridade Nacional de Proteção de Dados); Quem detém os direitos autorais de uma obra de arte ou música criada por um sistema de IA? (Direito Autoral); Como evitar que sistemas de IA reproduzam e amplifiquem vieses existentes na sociedade, como discriminação racial ou de gênero? (Proteção ao Direito das pessoas LGBTQIAPN+).

O avanço do Direito Digital é fundamental para acompanhar o desenvolvimento da Inteligência Artificial (IA) e garantir que as aplicações desta tecnologia sejam realizadas de forma ética e juridicamente correta.

Na era da IA, a importância do Direito Digital se torna ainda mais evidente, pois a rapidez das inovações e as mudanças no comportamento social exigem uma constante atualização das leis e regulamentações. Além disso, é necessário garantir a proteção dos direitos individuais e coletivos diante do uso crescente da IA em diversas áreas da sociedade, como no setor de tecnologia, saúde, educação, entre outros.

Assim, o Direito Digital é de grande importância para garantir a segurança e os direitos dos usuários no mundo *online*, em sua correlação de forças com a IA, o que faz surgir com relativa velocidade novos desafios e enfrentamentos, demonstrando a fragilidade normativa nessa área e a necessidade de se partir para alternativas jurídicas que supram a lentidão do processo legislativo.

3.4. A Lei Geral de Proteção de Dados e o mundo digital

A Lei Geral de Proteção de Dados (LGPD)[28] é um marco significativo no direito digital no Brasil, regulamentando a coleta, armazenamento, uso e compartilhamento de dados pessoais. Sua principal função é assegurar o respeito aos direitos dos cidadãos em um mundo cada vez mais digital, de forma clara e objetiva.

A Lei Geral de Proteção de Dados (LGPD) representa um marco importante para a proteção dos dados pessoais no Brasil. Ao promover a conscientização sobre a importância da privacidade e segurança das informações, a LGPD estabelece diretrizes claras para o uso e tratamento de dados. Com a crescente digitalização da sociedade, tornou-se

---

[28] BRASIL. Lei nº 13.709, de 14 de agosto de 2018. Lei Geral de Proteção de Dados Pessoais (LGPD). DOU de 15.8.2018, e republicado parcialmente em 15.8.2018 - Edição extra. Disponível em: https://www.planalto.gov.br/ccivil_03/_ato2015-2018/2018/lei/l13709.htm

essencial regular a forma como as empresas lidam com as informações dos cidadãos. A LGPD vem ao encontro dessa necessidade, definindo regras que buscam equilibrar o desenvolvimento tecnológico com a proteção da privacidade.

Vejamos a situação em que o usuário incauto, ao acessar uma página de internet, uma *newsletter*, um e-book, baixar um *software* ou um arquivo qualquer, baixar um jogo, fornece seus dados que podem estar representados pelo seu nome, e-mail, telefone. O nome que o marketing dá a isso é "lead", uma oportunidade de negócios. Ocorre que para o usuário, na maioria das vezes, o fornecimento desses dados passa de forma desapercebida quando à sua futura utilização, considerando que gerar *leads* é uma estratégia relevante para conquistar e fidelizar clientes.

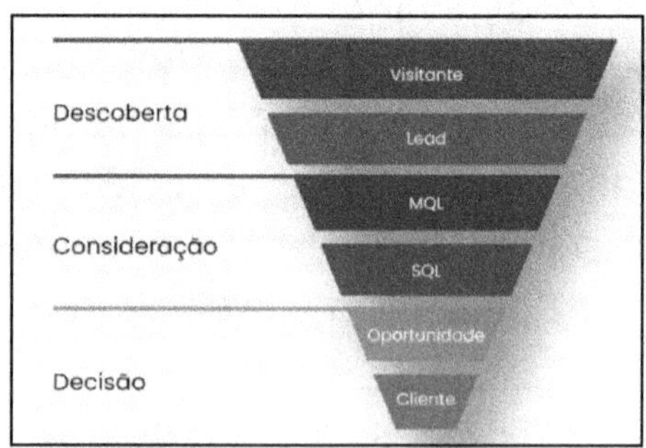

Fonte Sebrae

Na maioria das vezes, a forma como os *leads* estão sendo captados, como serão usados e como serão descartados, ofende a previsão legal da LGPD.

Com a Lei Geral de Proteção de Dados, todos os cidadãos, alcançaram um papel ativo na gestão de seus dados. Em outras palavras, todos nós temos o direito de saber quais informações pessoais estão sendo coletadas e como elas serão usadas. Ao fornecer seus dados, como nome e endereço (mesmo que seja o endereço eletrônico), você está depositando sua confiança na empresa, que, por sua vez, assume a responsabilidade de proteger essas informações. A LGPD traz em sua normatização todo um comportamento esperado e que deve ser seguido, demandando que as empresas obtenham o consentimento claro dos usuários antes de coletar seus dados. E o mais importante: os usuários têm o direito de revogar esse consentimento a qualquer tempo, o que confere um maior poder e segurança ao consumidor.

Não esqueçamos as penalidades previstas na LGPD. As empresas que não estiverem em conformidade correm o risco de enfrentar multas pecuniárias pesadas, além de danos à sua reputação. Isso fomenta um ambiente em que a ética nas práticas de coleta e uso de dados se torna não apenas uma obrigação legal, mas uma estratégia fundamental para a sustentabilidade dos negócios.

Um equívoco comum é pensar que a LGPD se aplica apenas às grandes corporações. Na realidade, pequenas e médias empresas, assim como *startups*, também precisam estar atentas à regulamentação, reconhecendo que, mesmo em menor escala, a gestão responsável de dados pode se tornar um diferencial competitivo decisivo.

A Lei n.º 13.709 de 14 de agosto de 2018, inicialmente foi chamada de Marco Civil da Internet, passando a se chamar Lei Geral de Proteção de Dados com a redação dada pela Lei n.º 13.853/2019. Anteriormente a Lei 12.965, de 23 de abril de 2014 estabeleceu os princípios, as garantias, os direitos e os deveres para o uso da internet no Brasil.

O Marco Civil da internet estabeleceu como princípios fundamentais a neutralidade das redes, a liberdade de expressão e a privacidade. Uma de suas maiores importância foi a inclusão digital, para garantir o acesso a qualquer pessoa, independente de sua localização, condição socioeconômica ou nível de conhecimento, o acesso às tecnologias digitais.

A relevância do Marco Civil é ainda mais evidente quando consideramos o crescente debate sobre a privacidade e segurança *online*. Em um mundo onde as notícias e informações fluem rapidamente, é fundamental que as empresas tenham clareza sobre as regras que regem esse ambiente, não apenas para operar legalmente, mas também para edificar uma afinidade confiável com seus clientes. O apoio a um ambiente digital transparente e respeitoso não só melhora a imagem de uma empresa, mas também se torna um fator decisivo para a fidelização do consumidor.

Observe-se ainda que, muito antes de criar as regras gerais para o uso da Internet no Brasil, o legislador se preocupou da tipificação de "crimes informáticos" (deve ser observada a nomenclatura trazida pela Convenção de Budapeste, Decreto nº 11.491, de 12 de abril de 2023), onde podemos citar: Lei 9.609/98, art. 12; Código de Defesa do Consumidor, arts. 72 e 73; Lei 9.296/96, Art. 1º, § 1º e art. 10; Código Penal, Art. 153, § 1º-A, Art. 313-A, Art. 313-B, Art. 325, § 1º; Lei 8.137/90 (Sonegação Fiscal), Art. 2º, inc. V; Lei 9.504/97 (Eleitoral), Art. 72, I, II e III; e Estatuto da Criança e do Adolescente, art. 241-A.

No trato internacional não pode ser esquecida a GDPR (Regulamentação Geral de Proteção de Dados) da União Europeia. Embora seja uma regulamentação europeia, seus impactos reverberam mundialmente, especialmente entre empresas que operam em território europeu ou que têm clientes europeus. A GDPR estabelece princípios semelhantes à LGPD, exigindo direitos dos consumidores e responsabilidades dos controladores de dados.

Por meio de uma compreensão abrangente e da implementação correta das normas, as empresas não somente se resguardarão de potenciais riscos legais, mas também ganharão a confiança e o respeito dos consumidores, algo que é cada vez mais valorizado no atual mercado.

Neste contexto de legislações e regulamentações, é essencial estarmos conscientes das implicações que essas leis têm no cotidiano das empresas. Garantir que a coleta, o armazenamento e o uso de dados estejam em conformidade com os regulamentos representa, acima de tudo, um compromisso com a ética e a responsabilidade social no ambiente digital. Isso não só protege as organizações de sanções legais, mas também fortalece o relacionamento com seus clientes, que desejam saber que suas informações estão em boas mãos, sendo tratadas com o respeito que merecem.

É importante destacar a necessidade de capacitação contínua. Em um mundo em que o direito digital e as regulamentações estão em constante evolução, os diversos profissionais envolvidos devem se atualizar continuamente para acompanhar essas mudanças. Participar de cursos específicos, *workshops*, e mesmo de conferências sobre tecnologia e direito. Esta formação não deve se restringir apenas à parte técnica; a compreensão das implicações éticas das decisões no ambiente digital é igualmente crucial.

4. OS DESAFIOS ÉTICOS E JURÍDICOS ENVOLVIDOS NA UTILIZAÇÃO DA IA

A preocupação com a privacidade dos dados tem sido uma discussão constante e o ponto central das preocupações relatadas. Em um estudo realizado no ano de 2022, a empresa de pesquisa Gartner revelou que 70% dos consumidores estão inseguros sobre como suas informações são coletadas e utilizadas pelas empresas. Isso revela que a transparência não é apenas uma questão de ética, mas uma necessidade estratégica. As organizações que falharem em atender aos reclames advindos dessas preocupações poderão enfrentar sérias reações adversas, prejudicando a sua reputação e a confiança de seus usuários e clientes.

Para atender esses desafios, a legislação tem evoluído continuamente. Falamos em linhas anteriores, sobre a implementação de normas como a Lei Geral de Proteção de Dados no Brasil, como um exemplo claro de como os legisladores estão respondendo à ascensão da tecnologia digital e suas implicações éticas. A LGPD não apenas busca proteger os dados pessoais dos cidadãos, mas também atribuir responsabilidades para as empresas quanto ao uso dessas informações.

4.1. Questões éticas envolvidas na utilização da IA

Por isso, seria um grande erro abordar a inteligência artificial como uma solução puramente técnica, negligenciando o contexto ético e legal que ela envolve. À medida que avançamos no estudo da inteligência artificial e sua intersecção com os negócios, é fundamental cultivarmos uma visão crítica que vá além da eficiência e do lucro e que abrace a ideia de um futuro onde tecnologia e humanidade caminham lado a lado.

Nesse contexto, convido você a refletir em como está se posicionando nesta revolução. A aplicação da inteligência artificial está apenas começando, e as possibilidades são praticamente infinitas. Precisamos conhecer e explorar cada aspecto dessa transformação, desde as oportunidades até os desafios, compreendendo assim as fronteiras da inovação nos negócios.

A intersecção entre a inteligência artificial e as considerações éticas e legais levanta questões importantes que não podem ser ignoradas e devem ser discutidas. À medida que a tecnologia avança e as máquinas se tornam cada vez mais autônomas, é imprescindível discutir como garantir que seu uso seja justo, transparente e benéfico para todos. Um dos debates centrais gira em torno da privacidade dos dados. Se antes os consumidores eram alvos passivos de marketing, agora, com as poderosas ferramentas de IA, as empresas têm a capacidade de coletar, analisar e, em muitos casos, manipular dados pessoais para direcionar suas estratégias de forma muito mais assertiva, passando muitas vezes imperceptível aos leigos. Isso abre um leque de riscos, pois não apenas a proteção dos dados pessoais deve ser uma prioridade, como também a forma como essas informações influenciam decisões que impactam vidas.

A implementação da Lei Geral de Proteção de Dados (LGPD), sancionada em 2018, foi um marco importante nesse sentido, no contexto brasileiro. A LGPD estabelece que as empresas devem tratar os dados pessoais com fundamentos claros de consentimento, transparência e finalidade, garantindo que os titulares tenham controle sobre suas informações. Assim, ao explorar as capacidades da inteligência artificial, as empresas precisam se adaptar rapidamente a esse novo cenário, não apenas para evitar sanções, mas, principalmente, para construir uma relação de confiança com seus clientes.

Outro aspecto que merece destaque é a questão da discriminação algorítmica. Os algoritmos que alimentam a inteligência artificial são desenvolvidos por humanos, e, como tal, podem carregar preconceitos, conceitos previamente formulados, e suposições errôneas, muitas vezes sem um critério racional. Isso significa que a inteligência artificial, se não for monitorada e ajustada, pode ampliar desigualdades já existentes, reforçando outras tantas, levando a decisões desfavoráveis a grupos minoritários. É um cenário alarmante que exige que empresas invistam não apenas em tecnologia, mas também em conscientização sobre a diversidade e a inclusão desde a concepção de seus sistemas.

O campo da ética em IA também precisa ser discutido no que diz respeito à responsabilização. Quando uma máquina toma uma decisão que resulta em um erro, quem é o responsável? O programador, a empresa enquanto pessoa jurídica, o dono da empresa, o usuário? Veja que essa é uma questão complexa que ainda carece de um arcabouço jurídico claro, considerando que os debates nessa seara estão apenas começando, talvez motivado pelo desconhecimento da maioria. Portanto, os especialistas em direito e tecnologia têm um papel essencial em ajudar as empresas a percorrer nessas águas turvas, a fim de que a adoção da IA se alinhe com os princípios éticos fundamentais. Parafraseando o mote da época do início das navegações: percorrer é preciso mas viver dignamente também é necessário.

Enquanto refletimos sobre estas questões, também é essencial considerar as oportunidades que surgem dessa nova era. As regulamentações acerca do uso da inteligência artificial podem promover um ambiente de negócios mais transparente e justo, criando oportunidades de negócios àqueles que não tem grandes condições de investimento. As empresas que adotam uma postura proativa em relação ao cumprimento legal e à ética são, inegavelmente, aquelas que se destacam no atual mercado. Além disso, ao propiciar um diálogo honesto com os consumidores sobre como a IA é utilizada, as empresas podem não apenas conquistar a lealdade dos clientes e usuários, mas, também, inovar de formas que atendam às expectativas sociais contemporâneas.

Imagine não apenas um cenário onde a inteligência artificial é uma aliada nas operações de negócios, mas também um emissário de justiça e ética. É fundamental, por respeito ao ser humano em todas as suas dimensões, que o uso da tecnologia nas empresas se dê com responsabilidade, e que todos os agentes envolvidos se empenhem no sentido de que as repercussões dessa revolução sejam positivas, promovendo a equidade (mesma oportunidade a todos), criando um futuro em que a inovação e a ética caminhem lado a lado.

Na prática, como as empresas podem adequar suas operações para atender às exigências legais? Entra em cena a adoção de sistemas de compliance. Um bom exemplo é o treinamento regular de equipes sobre as práticas recomendadas, em especial as áreas de marketing e tecnologia, para assegurar que as comunicações e serviços oferecidos respeitem a legislação vigente. Criar políticas internas que orientem a utilização de dados em ferramentas de IA é um passo essencial nesse sentido. Isso inclui definir claramente quem é responsável pelo tratamento de dados e como as informações devem ser mantidas e protegidas. Mas não somente. Ao traçar o Ciclo de PDCA para aplicar o plano de negócios, o processo de checagem tem que retroalimentar as informações sobre os erros e desrespeitos na implementação das boas práticas de negócio utilizando a IA.

Implementar um sistema de compliance não é tão complicado mas, também, não é simples. Por meio de fluxograma bem estruturado com suas respectivas atribuições, pequenas e médias empresas podem aprimorar seus processos e garantir que suas práticas estejam em conformidade. Para isso, elas podem começar mapeando todos os dados que utilizam e realizando uma avaliação do impacto que a IA pode ter nas suas operações. Adicionalmente, pode-se considerar parcerias com especialistas em direito digital, que ajudem a delinear as diretrizes adequadas para a utilização da IA sem desrespeitar a legislação.

Em apertada síntese, o cenário regulatório da inteligência artificial não é apenas uma questão de se manter dentro das regras, mas sim de adotar um comportamento proativo e ético que não apenas evite penalidades, mas também fomente uma cultura empresarial focada na transparência e no respeito ao consumidor. À medida que as novas tecnologias moldam nossas interações e operações de negócios, a legalidade se torna não apenas um requisito, mas um valor essencial na construção de estratégias comerciais bem-sucedidas.

A tecnologia nos oferece ferramentas poderosas, mas o uso de tais ferramentas devem ser sempre acompanhado de um compromisso sólido com os princípios éticos que regem a nossa sociedade.

Quando pensamos na IA e seu impacto no ambiente empresarial, logo nos deparamos com uma série de questões morais que se entrelaçam com a legalidade. Os algoritmos podem ser comparados com uma receita culinária, representando uma sequência de ações e instruções que devem ser seguidas para a solução de um problema. Se a "receita" está errada (corrompida), o produto de seu conjunto de processos estará errado e sua repetição errônea representará um aumento escalonado de erros. A capacidade da IA de processar grandes volumes de dados, transformar informações em insights valiosos e até mesmo automatizar processos pode gerar valorização e eficiência, mas também nos leva a questionar até que ponto estamos respeitando a privacidade dos indivíduos e se garantimos que os dados utilizados não sejam apenas números e informações, mas histórias que merecem ser protegidas.

Neste contexto, a ética se torna um pilar indispensável para o desenvolvimento de negócios sustentáveis. Ao integrar a IA em suas operações, as empresas não devem apenas focar em maximizar lucros. Elas têm a responsabilidade de respeitar os direitos dos consumidores e de agir de forma transparente. Isso implica garantir que os usuários tenham conhecimento de como seus dados estão sendo utilizados e que tenham a escolha de consentir com essas práticas. O conceito de consentimento informado não deve ser apenas uma exigência legal, mas deve ser a base de uma relação de confiança entre consumidores e empresas.

Além disso, abraçar a ética no uso da IA vai além de simplesmente cumprir as regras. Empresas que adotam uma postura ética se posicionam de maneira diferenciada no mercado. Estudos mostram que o público está cada vez mais consciente e exigente em relação às práticas empresariais. Consumidores preferem marcas que atuam de forma transparente e responsável. Portanto, quando as empresas priorizam a ética, não apenas se resguardam de complicações legais, mas também conquistam a lealdade dos clientes e usuários.

Uma reflexão importante diz respeito à forma como as empresas estruturam suas operações em torno da ética, exigem a criação de um código de ética que norteie as práticas de uso de IA como ponto de partida para as boas práticas. A implementação de treinamentos regulares para todas as equipes sobre a importância da ética digital também é fundamental. Isso ajudará a cultivar uma cultura corporativa em que todos se sintam responsáveis por agir de maneira justa e respeitosa, independentemente da tecnologia que utilizam.

Comunicar claramente como a inteligência artificial é aplicada nos processos é um sinal de boa fé e respeito ao consumidor. Por exemplo, se um sistema de IA está sendo utilizado para personalizar recomendações de produtos, é essencial que a empresa explique como essa personalização acontece e quais dados estão envolvidos nesse processo. Essa informação não apenas educa os consumidores, mas também os empodera, permitindo que façam escolhas conscientes.

A ética deve permear todas as decisões operacionais relacionadas à IA. Muitas empresas têm buscado alinhar sua missão e valores com ações que respeitam os impactos sociais e éticos de suas práticas, reconhecendo que preparar o ambiente para tecnologias restantes é tão crucial quanto a adoção dessas novas ferramentas em si. Aqui, o papel de um conselho ético pode ser inestimável, fornecendo orientação e supervisionando as decisões relacionadas à IA e garantindo que elas estejam em consonância com os princípios da dignidade humana e da justiça.

Por fim, é evidente que a intersecção entre ética e tecnologia demanda uma abordagem ativa e reflexiva. Cada nova aplicação da IA representa uma oportunidade para repensar a forma como lidamos com dados, privacidade e responsabilidade social. Empresas que se comprometerem a operar com ética não apenas enfrentarão os desafios legais de frente, mas também construirão uma reputação sólida, reconhecida por sua integridade e pelo compromisso com a ética no uso de tecnologia.

O verdadeiro sucesso no uso da inteligência artificial não se mede apenas por resultados financeiros, mas pela propriedade e responsabilidade com que as empresas se alinham à ética, criando um futuro seguro e respeitoso para todos que atuam nesse novo campo digital.

As consequências de não seguir as regulamentações podem ser devastadoras para as empresas. Vamos explorar algumas situações impactantes de organizações que, ao negligenciar a legalidade, arcaram com sérias ramificações. Esses casos não apenas ilustram os riscos envolvidos, mas servem como alertas para que empreendedores adotem uma postura responsável ao integrar a tecnologia em seus negócios.

A legislação do Brasil prevê a responsabilização objetiva, fundamentada no risco da atividade desenvolvida, nos termos do artigo 927 do Código Civil. Nessa situação, a responsabilidade recai sobre o desenvolvedor, proprietário ou usuário do sistema de IA, conforme as circunstâncias envolvidas no caso.

De acordo com o artigo *Ethics can't be delegated* [29], citado no site referenciado em rodapé, a responsabilidade em relação à Inteligência Artificial deve envolver todo a equipe, incluída a liderança. Um alerta importante é o de que para a eficácia da ética

---

[29]Disponível em: https://vanzolini.org.br/blog/etica-e-inteligencia-artificial/#:~:text=De%20acordo%20com%20o%20artigo,e%2C%20inclusive%2C%20a%20lideran%C3%A7a. Acesso em 17/01/2024.

na tecnologia e nos seus resultados, todas os indivíduos devem partilhar da mesma visão e valores. Aponta o estudo alguns dados sobre a utilização nas organizações:

"

- 58% dos executivos acreditam que a adoção da IA acarreta riscos éticos;
- 79% dos executivos afirmam que a ética da IA generativa é uma prioridade;
- – 25% das empresas operacionalizam os princípios comuns de ética;
- 80% dos executivos afirmam que os líderes empresariais deveriam ser os responsáveis pela ética da IA."

O embaciamento algorítmico nasce como uma barreira expressiva na afinidade entre o ser humano e os sistemas computacionais, notadamente no que pertine ao emprego da IA pelo Poder Público, afetando a transparência, a apreensão e a aptidão de revisão e refutação das decisões algorítmicas e, assim, dissimulando diferentes direitos fundamentais.

Necessária a concepção de um direito fundamental ao esclarecimento dos algoritmos públicos, com o escopo de suavizar os riscos conexos à opacidade e robustecer a certeza nas disposições pronunciadas por algoritmos públicos. Este novo direito fundamental tem por objeto afiançar que os cidadãos obtenham a aptidão de perceber, examinar e provocar os atos e decisões articuladas com a ajuda de algoritmos públicos, demonstrando o imperativo de prestabilidade algorítmica para encarar os desafios atribuídos pelo exercício de atos tão somente por sistemas computacionais, resguardando, desse modo, os direitos individuais e colaborando para a abrangência concreta da ação pública, assim como para a participação pelos indivíduos no comando do desempenho do poder.

A estabilização desse direito envolve tanto calibres teóricos quanto práticos, com o intuito de situar procedimentos que garantam a transparência algorítmica e admitam uma elucidação inteligível dos sistemas de inteligência artificial, sem que isso embarace sua segurança, eficiência, eficácia ou efetividade.

A conexão de tais métodos exige uma atuação pluridisciplinar que abranja não somente o direito, mas do mesmo modo a ciência da computação e a ética, com fins a salvaguardar para que a prestabilidade algorítmica alcance um contexto prático, conservando os direitos dos cidadãos.

A sugestão de um direito fundamental à elucidação dos algoritmos públicos compõe uma progressão no sentido de uma sociedade algorítmica onde a lisura seja patente e todos os processos colocados à vista e que seja, também, sensata, abrangedora, guiando o incremento de tecnologias de inteligência artificial centradas no elemento humano, uma vez legitimas as interconexões computacionais que introduzem as formas de intercâmbio do Estado algorítmico com o cidadão.

Um caso paradigmático aconteceu com determinada empresa de tecnologia que lançou um algoritmo de reconhecimento facial em suas câmeras de segurança. No afã de disponibilizar o produto ao mercado, a empresa ignorou as diretrizes estabelecidas pela Lei Geral de Proteção de Dados quanto ao tratamento de dados pessoais. Deixou de adotar as cautelas determinadas por lei e não obteve o consentimento dos indivíduos cujas imagens foram capturadas, e tampouco informou claramente sobre como essas informações seriam processadas. Quando as queixas sobre violação de privacidade surgiram, a empresa enfrentou processos judiciais e uma intensa investigação. Multas astronômicas foram aplicadas, abalando a sua reputação e, mais importante ainda, provocou a desconfiança dos consumidores em relação à marca. Essa situação demonstra como a falta de conformidade não é apenas uma questão legal, mas uma questão de confiança e credibilidade, que leva anos para ser reconstruída, uma vez manchada ou destruída.

A Autoridade Nacional de Proteção de Dados divulgou nota à imprensa[30] em 15/01/2025 sobre a colheita de dados biométricos, através da empresa "Tools   for Humanity –   TFH", responsável pela produção da câmera avançada Orb, empregada na coleta de dados da íris, da face e dos olhos, com o intuito   de   criar   e   desenvolver um   "sistema de verificação   de condição   de humana única", denominado "World ID". A ANPD dá notícia da instauração de Processo de Fiscalização, n° 00261.006742/2024-53 , para verificação da ofensa à legislação. Assim expressou a Autoridade:

> Os dados pessoais biométricos, tais como a palma da mão, as digitais dos dedos, a retina ou a íris dos olhos, o formato da face, a voz e a maneira de andar constituem dados   pessoais

---

[30] Disponível em: https://www.gov.br/anpd/pt-br/assuntos/noticias/coleta-de-dados-biometricos-pela-empresa-tools-for-humanity . Acessado em 16/01/2025.

sensíveis. Em razão dos riscos mais elevados que o tratamento desse tipo de dado pessoal pode oferecer, o legislador conferiu a eles regime de proteção mais rigoroso, limitando as hipóteses legais que autorizam o seu tratamento.

Outro exemplo é da startup que desenvolveu uma plataforma de correspondência entre motoristas e passageiros, impulsionada por IA, para potencializar rotas e preços. Contudo a empresa deixou de observar as normas da LGPD, tratando dados os pessoais sem o devido cuidado. O resultado foi o vazamento de informações sensíveis de centenas de usuários. Esse incidente não só gerou danos financeiros, como os impactos negativos foram muito além. Os usuários se afastaram da plataforma, e a confiança, de ativo valioso, se transformou em desconfiança generalizada. As perspectivas de crescimento e a possibilidade de parcerias comerciais futuras foram fortemente comprometidas, colocando em xeque a sobrevivência da startup no mercado.

Esses casos corroboram que a consonância legal não é apenas uma formalidade, mas um imperativo para a manutenção do *status quo* da organização. O enfrentamento de penalidades pecuniárias, processos judiciais e a deterioração da reputação são riscos que podem ser evitados por meio de uma abordagem meticulosa que priorize a legalidade e a ética. Além disso, a escalabilidade dos negócios e a atração de investidores em potencial estão profundamente ligadas à maneira como uma empresa lida com suas obrigações legais.

Ressalte-se que essas falhas tem consequências que reverberam por toda a área de atuação da empresa, alargando a o espectro de responsabilidades para além do escopo imediato do problema. Quando uma empresa é exposta em uma falha legal, a percepção pública e a confiança no setor como um todo podem ser severamente afetadas. O consumidor, cada vez mais consciente, tende a avaliar a ética e a transparência de todas as empresas operando na esfera de seu interesse.

Assim sendo, para esquivar-se dessas armadilhas, é essencial que as empresas concretizem estratégias de compliance eficazes desde o início de suas operações, principalmente quando da introdução de tecnologias de IA. Treinamentos regulares para a equipe, consultoria jurídica em direito digital e a criação de uma cultura organizacional focalizada na transparência e ética auxiliarão a acautelar de problemas e a arquitetar um futuro mais seguro e promissor.

A legalidade, portanto, não é um obstáculo à inovação. Ao contrário, é ela que exerce um papel capital que permite que a inovação prospere de maneira responsável e sustentável, no respeito à dignidade dos indivíduos envolvidos e solidificando o alicerce de confiabilidade necessária para o sucesso a longo prazo.

Caminhar em direção à legalidade na era da inteligência artificial é um desafio que muitas empresas enfrentam em um ambiente de negócios cada vez mais digital, exponencial e dinâmico. Para assegurar que todos os aspectos das operações estejam em conformidade com a legislação, é essencial adotar uma abordagem proativa que priorize tanto o alinhamento legal quanto a integridade ética. As empresas, independentemente do seu porte, devem adotar estratégias práticas que não apenas atendam às exigências legais, mas que também incorporem uma cultura organizacional de responsabilidade e transparência.

Uma das primeiras ações que as empresas podem implementar é a formação de um comitê de compliance. Essa equipe será a responsável por executar os 3 i's: IMPENSÁVEL, IMPROVÁVEL e

IMPONDERÁVEL. Além, é claro, de criar e rever continuamente as políticas internas que regem o uso de IA garantindo que cada processo esteja alinhado às regulamentações vigentes. Tudo está interligado. O Organograma e o fluxograma tem que estar bem definidos para que assim se escrevam a Política da empresa, o regulamento, o regimento interno e o código de conduta, além dos instrumentos de LGPD como Política de Privacidade, termos e relatórios. É importante desenvolver diretrizes específicas que abordem a coleta, o armazenamento, o uso e o descarte dos dados pessoais, sensíveis e anonimizados, com especial atenção às disposições da lei. O estabelecimento da política incluirá procedimentos claros sobre como os dados devem ser tratados e quais os responsáveis por cada etapa do processo.

Nem se fale que o ideal é formar parcerias com consultores especializados em direito digital, capacitando o encarregado da proteção de dados, o que pode ser um diferencial decisivo. Esses profissionais não apenas trazem conhecimentos técnicos essenciais, mas também fornecem expertise sobre as melhores práticas de mercado. Com essa orientação, as empresas podem adaptar suas operações de forma efetiva e garantir que estarão sempre à frente, minimizando riscos de não conformidade que poderão levar a penalidades significativas. A criação de um canal de comunicação aberto para que os colaboradores possam reportar qualquer dúvida ou desconformidade é uma prática que deve ser implementada.

Investir em treinamentos regulares também é crucial para fomentar um entendimento mais amplo sobre as responsabilidades legais entre todos os colaboradores. A capacitação do capital humano, muito mais do que um custo é um benefício para a prevenção de colapsos pela falta de implementação de medidas. As equipes devem estar bem informadas sobre como a IA é utilizada em suas operações e quais são as obrigações legais que devem ser cumpridas. Por exemplo, toda a equipe deve saber que o uso de ferramentas de IA para análise de dados está sujeito às normas de consentimento informado. Ao educar cada membro da equipe, a organização se torna mais robusta na construção de um ambiente de trabalho que prioriza tanto a inovação quanto à conformidade.

É essencial que as empresas se mantenham atualizadas em relação às mudanças nas legislações e normas pertinentes. Afinal ninguém pode alegar o descumprimento da lei, alegando o seu desconhecimento.

O mundo da tecnologia e do direito digital está em constante evolução, e as organizações que não conseguem se adaptar correm o risco de se verem em desvantagem e ultrapassadas. É semelhante àquela pessoa que treinou para datilografar nas antigas "máquinas de escrever" e se deparou com um teclado interligado a um computador. O que ele aprendeu não precisa ser descartado, basta se adaptar à nova realidade, uma vez que ele tem o treinamento necessário para operar um teclado digital. Por essa razão, a recomendação é ficar atento às mudanças, porque elas estão acontecendo rapidamente e, diuturnamente, realizar revisões regulares das políticas de compliance, avaliando a eficácia das diretrizes implementadas e realizando ajustes conforme necessário.

Dois profissionais se tornaram extremamente importantes nas empresas: o compliance officer e o D.P.O. (Data Protection Officer) ou Encarregado da Proteção de Dados. O Compliance Officer é o profissional que observará, implementará e garantirá que uma empresa opere de acordo com a legislação, criando e implementando os programas de integridade e sendo o consultor da administração. O Encarregado é aquele responsável por garantir o cumprimento da LGPD, sendo o elo entre a empresa, os titulares dos dados e a ANPD.

Ademais, a integração de tecnologias que ajudam a monitorar a conformidade é uma estratégia inteligente que pode automatizar processos e garantir que as operações sempre estejam dentro da legalidade. Ferramentas de gerenciamento de conformidade podem auxiliar na coleta e análise de dados para relatar o cumprimento das normas de proteção de dados, proporcionando à equipe um feedback em tempo real sobre a efetividade das práticas implementadas.

O futuro das práticas de compliance na era da IA requer uma adaptação constante. À medida que novas tecnologias emergem, teremos novas responsabilidades e desafios regulatórios a serem enfrentados, corrigidos e contrapartidas implementadas. Essa adaptabilidade deve ser incentivada em todos os níveis da empresa, criando um ambiente em que a inovação seja sempre vista através da lente da ética e da legalidade.

A adaptabilidade hoje é uma palavra recorrente. Quem não se adaptar constantemente ficará para trás. Assim, ao nos encaminharmos para um futuro repleto de novas oportunidades impulsionadas pela IA, é atitude básica dos empreendedores é o respeito ao cumprimento das normas de atuação, formando uma base sólida para o crescimento e a conquista e manutenção da confiança do mercado. O compromisso contínuo com as práticas éticas e legais fortalecerá as empresas, permitindo que não apenas prosperem, mas também se tornem modelos de responsabilidade e integridade empresarial, em um mundo que valoriza cada vez mais práticas comerciais transparentes e justas.

4.2.   O Viés Algorítmico e a discriminação

O viés algorítmico e a discriminação são aspectos críticos advindos de quando os algoritmos constantemente usados em IA e aprendizado de máquina repercutem resultados injustos ou discriminatórios, refletindo vieses da sociedade, contribuindo assim para a ampliação e perpetuação das desigualdades.

Podemos traçar 8 (oito) zonas de risco para auxiliar a especificar e aclarar as áreas despontantes de risco e dano social:

Viés pode ser definido como uma tendência associada a fatores externos, onde o "cérebro" pega atalhos para decidir. É, assim, um mecanismo para realizar mais rapidamente associações, tendo por base a experiência pessoal.

Algoritmos enviesados representam riscos de discriminação de seus usuários que podem ampliar situações LGBTfobia, racismo, sexismo, misoginia, machismo, desrespeito ao consumidor, entre outros.

Um exemplo drástico seriam as câmeras de reconhecimento facial que entendem que pessoas não brancas são delinquentes e passa a analisar pela cor da pele. Imediatamente se lembra do artigo 3º, IV, da Constituição e sua proibição de quaisquer formas de discriminação.

O viés em algoritmos pode estar associado à sua autoria, em outras palavras se houve ou não diversificação de pessoas na equipe que elaborou o código de programação envolvido.

Como o viés algorítimico leva à discriminação?

Através dos chamados **dados enviesados.** Se os dados utilizados para adestrar um algoritmo contêm vieses, o algoritmo desenvolverá e repetirá esses vieses em suas disposições. Por exemplo, um algoritmo de recrutamento e seleção treinado com dados sexistas, misóginos e machistas irá discriminar candidatas mulheres.

A falta de diversificação da equipe que criar o algoritmo, pode levar à falta de diferenciação de perspectivas, revelando os preconceitos da equipe.

A má discriminação de métricas para avaliar o desempenho pode resultar em discriminação.

Como isso pode ser resolvido? A Atenuação do viés algorítmico poderá ser alcançada com o uso de dados mais representativos e diversos partindo de uma coleta mais inclusiva e utilizando-se de técnicas para contrabalançar os dados e dessa forma ajudar a amortizar o viés algorítmico. A inclusão de pessoas de diferentes origens, credos, raças, gêneros e concepções filosóficas na equipe de desenvolvimento pode auxiliar a identificar e abrandar o viés algorítmico. Uma outra forma seria a efetivação de testes e auditorias (feedback) suficientes para identificar e ajustar vieses nos algoritmos. Em outro aspecto, ampliar a transparência e a prestabilidade dos algoritmos pode concorrer para identificação e correção de vieses, além de aumentar a confiabilidade.

O viés algorítmico e a discriminação são contratempos complexos que reclamam precaução e atuação. Desenvolvedores, empresas e o poder público podem e devem trabalhar juntos para garantir que os algoritmos sejam usados de forma justa e ética, proporcionando a correção de distorções discriminatórias e promovendo a igualdade e a justiça social. A conscientização sobre o problema e seus impactos deletérios é o primeiro passo para a solução.

4.3.   A Responsabilidade Civil decorrente dos danos causados por IA

Acessando o site "rendernet.ai" você vai encontrar, logo na página inicial você vai encontrar a seguinte descrição "Dê vida às histórias com personagens de IA". Nesse site, você encontrará uma inteligência artificial que criará um personagem "influencer", com escolha de foto, composição de cenário, escolha de formato de imagens e na função "truetouch" pode-se deixar ainda mais realista.

Emily Pellegrini é uma modelo criada por inteligência artificial que está deixando pessoas apaixonadas no mundo inteiro. A influenciadora digital conta com mais de 273 mil seguidores e se tornou uma notável influenciadora. Em seu perfil no Instagram, @emilypellegrini, criado há apenas pouco mais de um ano, encontramos fotos, vídeos, dancinhas em festa, e publica conteúdo adulto na plataforma "Fanvue", uma espécie de *OnlyFans* internacional.

Em um outro site, "artlist.io", pode ser encontrado um gerador de voz de IA para "criadores de vídeo". No site "elvenlabs.io" tem-se a possibilidade de clonagem de voz.

A discussão que trago ao (à) leitor (a) é: a quem acionar judicialmente nos casos de dano causado por IA?

A responsabilidade civil no Brasil, é em regra subjetiva, exigindo a comprovação de culpa. Contudo, a complexidade das relações modernas e a necessidade de proteger o consumidor levaram à adoção da responsabilidade objetiva em diversos casos, como aqueles previstos no Código Civil (CCB) e, principalmente, no Código de Defesa do Consumidor (CDC). O artigo 927 do CCB diz que aquele que causar dano a outro é obrigado a reparar e, diz mais, que será independente de culpa nos casos específicos definidos em lei.

O Código de Defesa do Consumidor (artigos 12, 14 e 18) consolidou a responsabilização objetiva com base na teoria do risco da atividade, especialmente em relação a produtos e serviços que oferecem riscos aos consumidores. Essa teoria defende que quem lucra com a atividade deve arcar com seus eventuais prejuízos.

Nesse contexto, surge um debate sobre a responsabilidade civil pela IA. Enfim, como aplicar o CDC a produtos com capacidade de aprendizado e autonomia, cujos resultados podem ser imprevisíveis mesmo para seus criadores?

O CDC determina que produtos e serviços não ofereçam riscos aos consumidores, exceto aqueles considerados normais e previsíveis. Mas como definir essa previsibilidade em se tratando de inteligências artificiais em constante desenvolvimento?
É possível ao fornecedor prever todos os riscos de uma inteligência artificial, considerando sua capacidade de autoaprendizagem? Em caso a resposta negativa, seria justo impedir a comercialização da tecnologia, desestimulando a inovação?

É aí que se torna necessária a abordagem da tese do "risco do desenvolvimento", que procura desobrigar o fornecedor de responsabilidade por defeitos que só se tornam conhecidos após a introdução do produto no mercado, em razão da evolução tecnológica. Essa tese, entretanto, provoca controvérsias, pois pode colocar o consumidor em uma situação vulnerável, arcando sozinho com os riscos de uma tecnologia em constante transformação.

Como harmonizar a proteção do consumidor com o desenvolvimento da inteligência artificial, equilibrando a necessidade de segurança com o estímulo à inovação? A resposta para essa questão exige uma análise acautelada do CDC e seus princípios, considerando as particularidades da IA e seus impactos na sociedade.

No momento temos mais perguntas do que respostas.

A IA apresenta desafios para o direito, especialmente no que diz respeito à responsabilidade civil. No Brasil, onde a IA ainda não possui personalidade jurídica, a responsabilidade por danos causados por ela recai, a princípio, sobre o empresário que a produz e comercializa, com fundamento na teoria do risco da atividade.

A responsabilização objetiva, apesar de importante para a proteção do consumidor, pode desestimular a inovação. Afinal, se os riscos superarem os benefícios, o investimento em IA será considerado como inviável e, em decorrência disso, descontinuado. Esse risco se intensifica diante da ação da IA de forma autônoma, gerando comportamentos imprevisíveis e a consequente dificuldade de prevenção de danos.

Importante distinguir a responsabilidade do empresário e do programador. Enquanto o primeiro responde objetivamente, o segundo, como profissional liberal, responderá subjetivamente, ou seja, se houver falha comprovada na programação ou previsibilidade da conduta lesiva. Não obstante esse aspecto, essa discussão se torna menos relevante quando o programador se encontra vinculado a uma empresa, uma vez que a responsabilidade recairá sobre esta.

Outro desafio ressalta, nos casos que envolvem apenas pessoas físicas, onde a responsabilidade civil é, em regra, subjetiva. Se a culpa não for confirmada, o dano pode ficar sem reparação. Nesse contexto, conforme o caso e a autonomia da IA, poderia ser aplicada a responsabilização por "fato de terceiro", assemelhando a IA a uma ferramenta que exige cuidado e cautela em seu uso. Entretanto, essa solução se mostra inadequada à medida que a autonomia da IA se amplia.

Resta evidente de tudo que foi dito até o momento, a necessidade de uma regulamentação específica para a IA, que leve em consideração as suas peculiaridades e os desafios que ela impõe ao direito. As soluções tradicionais do ordenamento jurídico mostram-se, por ora, insuficientes para enfrentar a complexidade da IA e sua crescente autonomia, exigindo novas abordagens, diante das lacunas legais, para garantir a segurança e a justiça nas relações envolvendo a tecnologia em comento.

A questão da responsabilidade civil se torna ainda mais complexa quando consideramos inteligências artificiais construídas com *softwares* livres. Nesses casos, o código fonte é aberto e diversas pessoas ao redor do mundo podem contribuir para sua programação e desenvolvimento. Essa característica descentralizada e colaborativa torna muito difícil identificar o responsável por eventuais falhas ou danos causados pela IA. Afinal, quem deveria ser responsabilizado? O criador original do *software*? Aqueles que contribuíram com as modificações? Ou quem utilizou a IA para fins específicos de aplicação?

A imputação de responsabilidade adquire contornos complexos, revelando grande desafio, diante da dificuldade de aplicação das regras tradicionais de reparação de danos. Essa situação corrobora a necessidade de novas abordagens jurídicas que considerem a natureza peculiar da IA de código aberto e procurem soluções justas e efetivas para a reparação de danos causados por essas tecnologias.

Sugiro a leitura amiudada no Relatório Final da Comissão de Juristas responsáveis por subsidiar a elaboração de substitutivo sobre IA no Brasil. Um estudo de 909 páginas que aborda vários aspectos jurídicos e, na sua página 168 fala sobre a responsabilização. O tema tratado começa com uma afirmação que soa como alerta, citando David Vladeck: "estamos agora num liar de máquinas totalmente autônomas".

É fundamental evidenciar que a responsabilidade objetiva do fornecedor segundo o CDC, não é absoluta. O próprio CDC, em seu artigo 12, §3º, prevê exceções, como a culpa exclusiva do consumidor ou de terceiro, que podem desobrigar o fornecedor ou desenvolvedor de produtos com inteligência artificial da responsabilidade por eventuais danos.

Em outras palavras, se o dano for causado exclusivamente pelo consumidor, em uma situação hipotética ao utilizar a inteligência artificial de forma inadequada ou contrariando as instruções de uso, o fornecedor não poderá ser responsabilizado. De igual forma, se um terceiro for o único culpado pelo dano, o fornecedor também estará isento de responsabilidade.

Essas exceções demonstram que a responsabilização no CDC, embora seja objetiva, não é autoaplicável. É imprescindível analisar a conjunturas de cada caso concreto para verificar se há fatores excludentes de responsabilidade que afastem o dever de indenizar do fornecedor.

A quem atribuir o dano causado por um veículo pilotado por IA? Poderia ser imputado aos fabricantes? Esse é um questionamento que envolve um aspecto civil e outro penal. No Brasil, a atribuição de responsabilidade por danos causados por veículos autônomos ainda é um tema em debate, sem legislação específica, situação legal lacunosa.

Temos no caso, em um primeiro olhar, a responsabilidade civil recaindo sobre o fabricante do veículo, com apoio na teoria do risco da atividade e no Código de Defesa do Consumidor. O fabricante, enquanto fornecedor do produto, responde objetivamente pelos danos causados por defeitos de fabricação, incluindo falhas na IA.

Em que pese a afirmação acima o fabricante poderia se desobrigar da responsabilidade caso comprovasse a culpa exclusiva do consumidor (em caso, por exemplo de desativação de recursos de segurança) ou de terceiros (na hipótese de outro veículo causar a colisão), ou ainda na ocorrência de força maior, diante de fenômenos naturais imprevisíveis, como um vendaval ou tempestade elétrica.

Poderíamos ainda cogitar a aplicação da teoria do risco do desenvolvimento, o que excluiria a responsabilidade do fabricante pelo defeito, que se tornassem conhecidos após a comercialização do veículo. Porém essa teoria não tem previsão explícita no ordenamento jurídico brasileiro. Lembrando que o artigo 37, § 6º da Constituição Federal, em assuntos envolvendo o poder público, adotou a doutrina do risco integral.

No aspecto penal deve ser observado que atualmente IA não possui personalidade jurídica própria no sistema jurídico brasileiro, o que impede sua responsabilização penal direta.

É essencial suprir as lacunas legislativas, demandando do Congresso Nacional o avanço na regulamentação da IA estabelecendo regras claras sobre a atribuição de responsabilidade civil e penal nesses casos e em outros, garantindo a segurança jurídica e a proteção dos cidadãos.

4.4. O Futuro das Relações de Trabalho na Era da Inteligência Artificial

O futuro das relações de trabalho na era da IA é um tema relevante e sua discussão tem que ser priorizada, ante a crescente precarização do trabalho. Dependendo do seu emprego e utilização pode gerar tanto benefícios quanto problemas, como o desemprego e grande escala. A IA pode aumentar a produtividade, automatizar tarefas repetitivas e liberar trabalhadores para atividades prioritárias e estratégicas. Contudo, também existe a preocupação de que a IA possa levar à precarização das relações de trabalho, com a perda de empregos e redução de salários.

A automação de tarefas pela IA pode levar à perda de empregos em setores como manufatura, transporte e atendimento ao cliente. Um outro aspecto deletério é a possibilidade de monitoramento e controle dos trabalhadores de forma mais intensa, o que pode aumentar a carga de trabalho e a pressão sobre o trabalhador. A substituição de trabalhadores por IA pode levar à redução de salários em diversas áreas. A IA pode aumentar a desigualdade, beneficiando os trabalhadores altamente qualificados e prejudicando os trabalhadores menos qualificados.

Os trabalhadores têm que se conscientizar de que precisam urgente de maior capacitação e requalificação profissional. O momento é de investir em programas de requalificação profissional para preparar os trabalhadores para os novos empregos que estão e serão criados na era da IA. É fundamental fortalecer os sistemas de proteção social para garantir que os trabalhadores que perderem seus empregos tenham acesso a apoio financeiro e oportunidades de reabilitação.

A Constituição protege contra a automação do trabalho, mas não há os limites que isso possa se dar. Isso já vem acontecendo há tempos no setor bancário. A atividade de Caixa desaparecerá em breve e a longo prazo os bancos não mais existirão fisicamente para os clientes. Em decorrência de ocorrências desse tipo é necessário desenvolver uma regulamentação adequada para a IA, que garanta a proteção dos trabalhadores e promova o uso responsável da tecnologia.

Os sindicatos exercerão um papel importante na promoção do diálogo social entre trabalhadores, empresas e governo, para encontrar soluções conjuntas no sentido de suavizar os impactos.

Para melhor entender o que está ocorrendo aqui e agora, posso destacar para você o *crowdsourcing*. *Crowdsourcing* é uma tática que emprega a inteligência coletiva e o trabalho colaborativo de um grande grupo de pessoas, geralmente *online*, para produzir tarefas, solucionar problemas ou desenvolver novas ideias. O termo, que une as palavras inglesas "*crowd*" (multidão) e "*outsourcing*" (terceirização), representa a externalização de atividades para uma comunidade aberta. O desenvolvimento do browser "Firefox" é um exemplo disso.

Uma empresa ou organização propõe uma tarefa ou projeto para uma comunidade online, que pode ser aberta ao público em geral ou a um grupo específico de pessoas com habilidades específicas. Todos os participantes contribuem com suas ideias, soluções, *feedback* ou trabalho, e a empresa seleciona as melhores contribuições, utilizando-se para remunerar de recompensas ou reconhecimento.

Podemos citar como atividade passíveis de utilizar essa estratégia: criação de conteúdos, geração de ideias, soluções para desafios técnicos, *microtasks.*

O *Crowdsourcing* e Inteligência Artificial são duas estratégias que, combinadas, podem gerar resultados poderosos e inovadores. Enquanto o *crowdsourcing* aproveita a inteligência coletiva de grandes grupos de pessoas, a IA automatiza as tarefas, analisa os dados e toma decisões de forma inteligente.

A Inteligência Artificial apresenta um paradoxo para o futuro do trabalho. Ao tempo em que oferece o potencial de aumentar a produtividade das empresas e criar oportunidades, traz o risco da diminuição drástica de postos de trabalho, principalmente os mais operacionais e rotineiros.

5. AS TENDÊNCIAS FUTURAS E O IMPACTO DA IA NA GESTÃO E NO DIREITO

A crescente integração da inteligência artificial nas operações empresariais repercute um processo de transformação que redefine a forma como fazemos negócios e exercemos o direito. Nesse contexto, é importante adotar diretrizes práticas que possam facilitar essa implementação de maneira produtiva, coerente, eficiente, eficaz e efetiva. Para alguns, vivemos a era da Indústria 5.0.

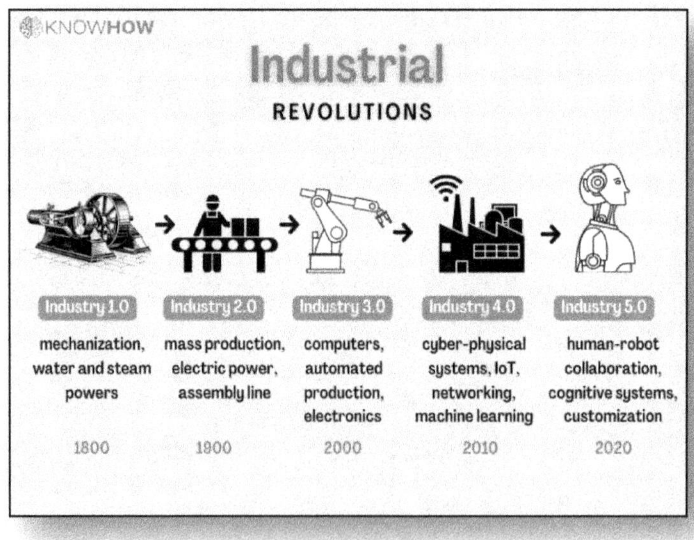

A IA e o Direito estão envolvidos em um processo de mutação, o primeiro conformando o segundo transformando o acesso à justiça. A cada dia a interação se torna ainda mais dinâmica e impactante. A IA automatizará cada vez mais afazeres repetitivos e burocráticos, como análise de documentos, pesquisa jurídica e redação de petições simples, decisões automatizadas a um clique. Isso permitirá que os atores da administração da justiça se concentrem em atividades mais estratégicas, como consultoria, negociação e litigância complexa.

A IA pode analisar amplos volumes de dados jurisprudenciais para identificar precedentes relevantes para um caso específico, mesmo que estes usem diferentes termos ou abordagens. Isso facilita a pesquisa e a análise de casos similares, agilizando o trabalho de advogados, promotores e juízes.

A IA pode aferir a similaridade entre casos, analisando não somente as palavras-chave, mas ainda o conjunto, os fatos e as questões legais envolvidas. Isso possibilita uma comparação mais acertada e eficiente de casos, ajudando na identificação de precedentes que realmente se apliquem à situação em estudo.

Sistemas que analisam contratos, identificam precedentes das cortes superiores geram em breve medida de tempo, minutas de documentos. A análise de dados de casos anteriores auxilia a prever o percentual de sucesso de determinadas ações judiciais. Isso auxiliará advogados na tomada de decisão, na definição de estratégias e na negociação de acordos.

A IA poderá ser utilizada para auxiliar juízes na tomada de decisão, fornecendo análises e sugestões de minutas de sentenças. Nesse ponto se tem um tema controverso, que alça questões éticas sobre o seu papel na justiça.

A tecnologia em estudo será decisiva para detectar e prevenir ofensivas cibernéticas, resguardar dados sensíveis e garantir a privacidade. Podem ser utilizados sistemas que analisam o conteúdo de redes sociais e identificam padrões de desinformação.

Os serviços jurídicos se tornarão mais acessíveis à população, por meio de *chatbots*, assistentes virtuais e plataformas *online* que oferecem informações e orientação jurídica. Já existem sistemas que respondem a perguntas jurídicas básicas, que auxiliam na elaboração de documentos simples e que orientam o cidadão sobre seus direitos.

A IA e o Direito estão se amoldando à nova forma de atuação e administração da justiça, possibilitando um futuro a curto prazo, cheio de oportunidades e desafios. A automação, a análise preditiva, a ODR (*Online Dispute Resolution*) ou

Resolução *online* de disputas, a cibersegurança e a democratização do acesso à justiça são apenas algumas das tendências que prometem conformar o cenário jurídico nos próximos anos.

O ODR é uma configuração que auxilia a resolver conflitos pela internet sem necessitar recorrer ao judiciário. Ele utiliza a tecnologia para facilitar a comunicação entre as partes envolvidas e auxiliar na busca por um acordo. Exemplos: consumidor.gov e reclameaqui.com.br.

Os profissionais do direito precisam se preparar para essas mudanças, desenvolvendo novas habilidades e adaptando-se às novas tecnologias sob pena de não conseguir exercer a advocacia no futuro. Alguns já sentem dificuldades com coisas simples como as audiências *online* e sistemas como o PJE. A discussão sobre a ética deve ser uma constante e todos (as) devem estar vigilantes para garantir que essa tecnologia seja utilizada de forma responsável, justa e em benefício da sociedade.

5.1. Recomendações, Diretrizes IA, Direito e Negócios

Entender quais processos já existentes podem ser otimizados através da automação e onde a IA pode ser utilizada para trazer maior eficiência otimizará tempo e dinheiro na execução de seu plano de negócio. Não tem mais cabimento você perder tempo com tarefas simples, rotineira, quando pode utilizar das tecnologias digitais para otimizar o seu tempo e agilizar os processos diários. O primeiro passo na implementação de procedimentos de automação é reconhecer onde estão os obstáculos atuais e como a tecnologia pode ser uma aliada na sua superação.

Após a identificação do problema que lhe causa dor, cabe a busca pela solução, com a escolha das ferramentas apropriadas ao seu caso. O mercado é amplo e lhe oferece uma variedade de softwares com diversas funcionalidades e aplicabilidades. Desde ferramentas de automação de documentos, sistemas de análise preditiva até plataformas de gerenciamento de dados são algumas das opções que podem ser exploradas. O importante é que cada empresa escolha as tecnologias que se alinhem ao seu negócio, avaliando o impacto esperado nas atividades diárias e no relacionamento com os clientes, este último de grande importância. Uma análise acautelada nesse estágio poderá impedir investimentos supérfluos e garantir que os recursos sejam aplicados de forma estratégica.

Uma vez encontrada e adquirida a tecnologia a ser utilizada, é hora de traçar um plano de ação e estabelecer o ciclo de PDCA. Isso exigirá um esboço detalhado, que não apenas estabeleça metas de curto, médio e longo prazo, mas incorpore um sistema de métricas de acompanhamento para os ajustes que se fizerem necessários ao longo do processo. Um dos tópicos é o estabelecimento de um cronograma para a integração da IA nos processos que vão desde recrutamento e seleção à escolha dos profissionais que realizarão a consultoria. Nesse cronograma, que ajudará no planejamento, terá reduzido o tempo gasto na triagem de currículos e melhorias na qualidade das contratações, por exemplo. Essa abordagem permite promoverá uma cultura de inovação junto à equipe.

Não se pode deixar de lado o compromisso com a ética. Equipar-se com ferramentas importantes é essencial, mas aproveitá-las de modo responsável é primordial. Políticas claras sobre como a IA será usada, em específico o respeito à privacidade e aos dados pessoais, sensíveis e anonimizados dos clientes.

Capacitar todos os colaboradores da empresa evitará erros e facilitará a rapidez de implementação dos novos procedimentos. Assim, deve o empresário promover treinamentos e a conscientização de todos. Formar equipes que entendam não apenas o potencial das ferramentas, mas também as implicações éticas de seu uso, auxiliará não somente na adequação, mas também na constituição de um clima organizacional onde todos se sintam seguros e empoderados a explorar novas possibilidades.

Neste caminho, a construção das operações digitais da empresa se revelarão como um ambiente propicio para o aprendizado contínuo e a inovação. Invista na capacitação e no desenvolvimento de uma cultura proativa, onde a tecnologia seja vista como uma aliada estratégica. Ao fazer isso, você não estará apenas abraçando uma nova prática, mas erigindo os alicerces para a profissionalização de seus colaboradores o que, certamente, irá transformar o contorno de como o direito e os negócios interagem com a era digital.

A transparência, a responsabilidade e o respeito devem ser alguns dos pilares fundamentais. Os profissionais devem se empenhar em comunicar aos clientes e colaboradores como a IA será utilizada, quais dados estão sendo coletados, mantidos, como será a sua utilização e o seu descarte. Esse nível de nitidez não só fortalece a confiança, como também promove um clima onde todos se sintam estimados e seguros.

Além da transparência, as empresas devem considerar a criação de políticas internas que formulem diretrizes claras para o uso da IA. Tais políticas devem incluir medidas para garantir a conformidade com a legislação existente. Tudo deve constar ainda no regulamento e no código de conduta. Segurança e governança, são essenciais na era digital.

Um aspecto que não pode ser negligenciado são as análises de impacto. São avaliações sistemáticas que procuram identificar e compreender os possíveis efeitos – sejam positivos ou negativos - do bom emprego da inteligência artificial em um determinado contexto. Essas análises garantirão que IA será utilizada de forma responsável, minimizando os riscos e maximizando os benefícios.

Antes da implementação de soluções de IA, é vital conduzir avaliações que identifiquem potenciais riscos e maneiras de mitigá-los. Essas avaliações permitem que as organizações não apenas se preparem para eventuais repercussões legais, mas também abram um espaço para discutir como suas práticas afetam a sociedade.

Dentre os impactos a serem avaliados, podemos citar os sociais, econômicos, éticos, ambientais e legais. Primeiro se define o escopo, depois os riscos e benefícios, partindo para a avaliação e como podem ser suavizados os riscos. Diuturnamente os processos são monitorados e avaliados, utilizando-se de checklists, simulações e modelagem. A Avaliação de Impacto Algorítmico – AIA é uma metodologia específica par identificas a discriminação e o viés.

Todos na empresa, dos diretores aos operadores, devem estar comprometidos com os valores que regem o uso responsável da tecnologia. Quando essas diretrizes se tornam parte da cultura organizacional, as empresas não apenas acolhem as exigências legais, mas também se posicionam como líderes em um campo que tende a se tornar cada vez mais competitivo.

Na trilha da integração eficiente da IA Aos negócios, é vital que os atores envolvidos estejam cientes dos recursos disponíveis que poderão facilitar o seu percurso e a suas ações. A utilização consciente das ferramentas apropriadas, a capacitação sucessiva e a busca por redes de apoio servirão para garantir que a implementação não apenas aconteça, mas seja rentável e alinhada às expectativas organizacionais projetadas no Plano de Ação.

Em um primeiro momento, a escolha das ferramentas e dos *softwares* deverá partir de prévio estudo e ser adequada ao perfil do negócio, como decisão estratégica. Existem diversas plataformas no mercado que oferecem soluções específicas para automação de processos. A escolha do melhor *software* para revisão de contratos e análise de documentos depende da realidade específica da empresa e de qual mercado atua, além de outros aspectos como o tamanho da empresa, o volume de documentos e sua disponibilidade orçamentária para aquisição de produtos. Podemos citar alguns softwares mais populares:

A escolha do melhor software para revisão de contratos e análise de documentos depende das suas necessidades específicas, como o tamanho da sua empresa, o volume de documentos que você lida e o seu orçamento. No entanto, alguns dos softwares mais populares e bem avaliados no mercado incluem:

a) **ProJuris Contratos:** serve para o gerenciamento completo do ciclo de vida dos contratos, desde a criação até o arquivamento, detendo recursos de análise de cláusulas, alertas de vencimento e assinatura eletrônica. Oferece uma interface amigável e suporte técnico de qualidade. Ideal para escritórios de advocacia.

b) **ClickUp:** plataforma completa para gerenciamento de projetos apresentado recursos para revisão e análise de documentos, ao mesmo tempo em que efetiva o controle de versões e automação de tarefas. Tem bastante flexibilidade, podendo ser adaptados às necessidades específicas. Serve àqueles que buscam uma solução integrada para gerenciar projetos e documentos.

c) **Concord:** Software para o gerenciamento de contratos com enfoque na colaboração e na negociação, apresentando recursos de edição em tempo real, checagem de versões e aceitação online.

Possui uma interface intuitiva, com recursos avançados de segurança e integração com outras ferramentas, como o *Slack*. Serve às empresas que precisam agilizar o processo de negociação e assinatura de contratos.

d) **DocuSign:** muito utilizado em assinatura eletrônica, com recursos para gerenciamento de contratos, incluindo automação de fluxos de trabalho e análise de dados. Sua mais conhecida utilização é para assinatura eletrônica, com recursos avançados de segurança. Ideal para empresas que precisam automatizar seus processos de assinatura de contratos e documentos.

e) **NetLex:** programa jurídico com recursos para criação, revisão e análise de documentos, abrangendo modelos personalizáveis, automação de tarefas e gestão de prazos. Ideal para a advocacia.

f) **Legito:** programa de revisão de contratos c que auxilia na identificação de riscos e inconsistências.

g) **LawGeex:** plataforma de apreciação de contratos com IA que robotiza a revisão de documentos.

h) **Kira Systems:** software de extração de dados de contratos que motoriza a análise de documentos.

Essas ferramentas não apenas reduzem a carga de trabalho, como também asseguram que os profissionais possam dedicar mais atenção às questões estratégicas, propiciando adequado diferencial competitivo.

Muitos sistemas de gestão empresarial já têm incorporados as funcionalidades de IA. Ferramentas de *Customer Relationship Management* (CRM) ou *Business Intelligence* que se utilizam de algoritmos inteligentes para analisar dados e prever comportamentos de mercado são exemplos de como a tecnologia pode aperfeiçoar o relacionamento com os clientes e potencializar as estratégias de negócios.

Aliado a isso, de nada adiantará se os colaboradores da empresa não forem capacitados. O mercado está cheio de cursos relevantes para aqueles que desejam aprofundar seus conhecimentos. Instituições renomadas oferecem programas que vão desde a introdução ao uso de tecnologias emergentes até cursos avançados. Esses cursos são importantes para que os profissionais não apenas conheçam as ferramentas, mas se tornem proficientes na sua utilização.

Não se pode esquecer o *networking* como recurso poderoso e indispensável. Ao se integrar a comunidades que discutem o tema em discussão, os profissionais têm a oportunidade de trocar experiências, compartilhar conhecimentos e soluções, e, acima de tudo, aprender com a experiência do grupo.

Recomenda-se que as empresas mantenham um canal aberto para feedbacks e inovações. Após a implementação das ferramentas de IA, deve-se respeitar e concretizar o ciclo PDCA que se repetirá em todas as suas fases, em uma retroalimentação constante de aperfeiçoamento. Esse monitoramento pode revelar novos caminhos para a otimização dos processos, bem como identificar áreas que demandam a adoção de novas soluções. Um ambiente que valoriza a inovação e o ajustamento representa um diferencial competitivo.

A implementação contínua da IA deve ser vista como um ciclo que se repete, mas, vez ou outra, dá seu salto de qualidade em um espiral crescente. Cada passo dado em direção a essa nova era deve ser seguido pela reflexão sobre os diversos impactos, negativos e positivos, conforme falamos. Ao nos comprometermos com uma prática responsável, protegemos não apenas os nossos interesses, mas também os direitos e a dignidade das pessoas que intercalam nosso caminho, sejam elas clientes ou usuários, colaboradores ou a sociedade em geral.

Convido vocês a se tornarem agentes de mudança, a se envolverem ativamente nessa revolução digital. Comecem a explorar as tecnologias disponíveis, compartilhem suas experiências com colegas e busquem constantemente o crescimento através da educação e do aprendizado contínuo. Participem de cursos, feiras, conferências e criem uma rede de apoio que permita a troca de conhecimentos e práticas.

Estamos perante um futuro fascinante, onde a sintonia entre a inteligência artificial e a humanidade propicia soluções inovadoras que farão a altercação nas vidas de muitas pessoas. A era da IA não é apenas uma fase, é uma chance de reconstruir a forma como pensamos e atuamos nos negócios. Ao abraçarmos essa mudança, não estamos somente acolhendo novas ferramentas, estamos ressignificando a nossa função na coletividade.

Em síntese, ao final de nossa caminhada, que consigamos olhar para o passado e entender que conectados conseguimos alcançar mais longe, com o impulso profissional, mas também contribuímos para um mundo mais justo e igualitário. O amanhã depende de nosso posicionamento hoje, e é nosso dever fazê-lo com consciência e compromisso.

5.2. A ascensão da IA Generativa e o futuro dos negócios

Estamos vivendo uma era onde as tecnologias estão se entrelaçando de maneiras que o conhecimento humano comum não conseguiu conceber, dando vida a possibilidades até então insonháveis.

As novas tecnologias aumentam a competitividade e permitem que pequenas empresas consigam, caso dominem os processos envolvidos, crescer substancialmente. É o momento para quem detém poucos recursos para inovar. As empresas que souberem aproveitar a revolução digital alcançarão inegável vantagem competitiva.

Uma das inovações mais impactantes é a ascensão da IA generativa. Conteúdos personalizados podem ser criados em tempo real, atendendo não apenas às demandas de produção, mas também às nuances específicas de cada cliente.

Diferente da IA tradicional, que analisa dados existentes, a Generativa, cria novos conteúdos, como imagens, textos, códigos e até mesmo designs de produtos. Essa aptidão para gerar soluções originais e personalizadas está revolucionando a configuração das empresas que operam e competem no mercado e fazem uso dela.

A sua utilização aumenta a eficiência e a produtividade, melhora a experiência com o cliente, cria oportunidades de negócios, reduz os custos e acelera a inovação com a prototipagem de soluções e produtos de forma eficiente. Pode ser aplicada no Marketing e na publicidade, no varejo, na área da saúde, das finanças, da educação e muitos outros.

O aprendizado de máquina (*machine learning*) que permite que os *softwares* aprendam com dados sem que tenham sido programados para isso, está evoluindo em ritmo acelerado. Essa tecnologia não somente automatiza processos, mas se apura ininterruptamente, induzindo os algoritmos a se tornarem mais sofisticados e precisos, trabalhando com dados, aprendizado e previsões. As empresas estão se beneficiando das análises preditivas, que usam informações do passado e do presente para antecipar o futuro, mas não apenas antecipam comportamentos de compra, também delineiam estratégias ativáveis para elevar ao máximo o sucesso em vendas.

Da mesma forma, a interação entre IA e *blockchain* começa a emergir como uma força poderosa. A tecnologia do blockchain permite o registro de informações e transações de forma segura. A segurança e a transparência nas transações digitais são elevadas a um novo nível, porque não depende de uma autoridade central como o governo ou o sistema financeiro, ele distribui as informações pela rede de computadores. As transações são agrupadas em blocos, os blocos são conectados em uma cadeia, com um histórico cronológico, criptografado e descentralizado. As criptomoedas utilizam o blockchain para registrar suas transações. Previne o roubo de identidade e reduz o risco de fraudes.

Possibilitam a criação e a comercialização de ativos digitais únicos. Ajuda a combater as falsificações e protege os direitos autorais.

Na medida em que navegamos por estas tendências, nos tornamos cada vez mais, protagonistas em suas implementações. A integração da inteligência artificial com o *blockchain* está se tornando uma mudança de paradigma no mundo dos negócios, dando origem a um futuro em que segurança e transparência se entrelaçam de forma surpreendente. A combinação dessas tecnologias representa um avanço significativo não apenas em eficiência, mas também em confiabilidade.

Os contratos inteligentes (*smart contracts*) são como acordos digitais autoexecutáveis. São escritos em código de computador e armazenados em *blockchain*. Configura um documento digital que não só contém os termos de um acordo, mas é um acordo digital autoexecutável, capaz de executar esses termos automaticamente, assim que as condições predefinidas sejam atendidas. Isso é precisamente o que os contratos inteligentes oferecem. Eles são alimentados por IA e abalizados em *blockchain*, o que garante que as informações sejam permanentes e inalteráveis, criando um ambiente de negócios seguro, transparente, eficiente, automático e preciso. Ao eliminar a necessidade de intermediários, esses contratos abreviam negociações e amortizam custos, ao mesmo tempo em que minimizam o risco de ocorrência de fraudes.

Para que você possa entender melhor veja no quadro abaixo uma situação hipotética:

Cenário:	Uma banda de forró vai fazer um show e, para evitar os cambistas e as falsificações, decide vender os ingressos exclusivamente através de um contrato inteligente utilizando blockchain.
Contrato:	Com ajuda de um programador cria um contrato inteligente definindo que serão 50.000 ingressos a R$ 300,00, com data do evento para 31 de janeiro de 2025, com início previsto para as 19h, rua dos bobos, número zero.
Como os fãs comprarão os ingressos:	Os fãs poderão comprar os ingressos usando criptomoedas, de onde estiverem e sem enfrentar filas. O contrato inteligente verifica se ainda há ingressos e se o pagamento foi feito, transferindo a propriedade do ingresso para o comprador através de um *token* único (NFT) definindo a área de acesso.

Como será o acesso ao show:	O fã apresentará o *token* no seu smartphone e a equipe verificará a validade do ingresso liberando o acesso.

Outro exemplo pode ser dado no setor imobiliário, com a compra de imóvel mediante contrato de compra e venda. O contrato é elaborado por profissional com expertise em Direito e Programação, onde são definidos os dados do imóvel, a qualificação das partes, o valor de venda a forma de pagamento em moeda fiduciária *tokenizada*, cronograma de pagamento, condições de tradição do imóvel, penalidade por descumprimento do contrato e vigência. Será utilizado o *blockchain* em um *token* único (NFT). A assinatura será eletrônica, na forma reconhecida legalmente. Quando todas as condições do contrato forem cumpridas, com o pagamento de todas as parcelas acordadas, o contrato inteligente executará automaticamente a transferência da propriedade do imóvel ao comprador. Não só foi reduzido o tempo de transação, como foi aperfeiçoada a experiência pessoal do cliente, que agora se sente mais seguro no processo.

Na esfera jurídica, a sinergia entre a IA e o *blockchain* pode revitalizar a forma como lidamos com documentos legais. Ao empregar essa tecnologia, os advogados podem criar sistemas que não apenas armazenam contratos de forma segura, mas monitoram sua execução e registram automaticamente quaisquer alterações. A possibilidade de erros ou fraudes atenua sensivelmente, ao passo que a celeridade no acesso a informações se traduz em uma rotina de trabalho mais fluida e confiável. Desse modo, a relação entre cliente e advogado se torna mais sólida, e os profissionais do direito podem se concentrar em questões mais complexas enquanto as rotinas administrativas ficam automatizadas.

O uso combinado de IA e *blockchain* revolucionou a forma como autenticamos os dados. A verificação de identidade é fundamental em vários setores, desde as finanças até a saúde. Com esses sistemas, é possível criar identidades digitais que garantem que o indivíduo é quem realmente diz ser, reduzindo as fraudes e melhorando a segurança de transações *online*.

O impacto dessa integração não se limita aos processos de negócios. Está provocando uma mudança cultural, onde a transparência e a ética são consideradas. À medida que mais empresas adotam soluções baseadas em IA e *blockchain*, a expectativa será de que o mercado opere em um nível mais alto de responsabilidade e confiabilidade. Isso não representa apenas uma evolução técnica, faz parte da revolução digital que está redefinindo a dinâmica dos negócios e ampliando a confiabilidade nas relações entre consumidores, empresas e profissionais.

A transformação promovida pela inteligência artificial na economia global está apenas em processo, e suas consequências já são profundas e abrangentes. Daí porque se fala de revolução. Porque está mudando o curso da sociedade. Ao ingressar nesta nova era, precisamos voltar o nosso olhar para como a IA não só se integra nos negócios, mas como também se torna o motor que impulsiona as mudanças em larga escala envolvendo-se nos processos econômicos, sociais e culturais.

Quando falamos de eficiência, não nos referimos tão somente à redução de custos, mas à capacidade de responder rapidamente às dinâmicas impelidas pelas exigências do mercado. Com algoritmos sofisticados e inteligência preditiva, empresas agora têm a capacidade de alcançar padrões de consumo com uma acuracidade nunca antes vista. Até as pequenas empresas são beneficiadas ao integrar soluções de IA, conseguindo prever tendências de compra antes mesmo que os clientes manifestem suas intenções. Isso não é apenas instrumentaliza essas empresas com uma vantagem competitiva que pode desestabilizar os mercados tradicionais.

O uso da tecnologia nos modelos de negócios emergentes também está facilitando o acesso a mercados antes inacessíveis aos pequenos empreendedores. A digitalização e a automação permitem que novos atores entrem e permaneçam em setores carregados de grupos econômicos, oferecendo serviços personalizados e adaptados às necessidades específicas de nichos de consumidores, estes cada vez mais exigentes. Essa democratização das ferramentas inteligentes não apenas eleva a concorrência, mas também incentiva a inovação e a criatividade, uma vez que as empresas são forçadas a aprimorar constantemente suas ofertas para se destacarem.

No que diz respeito às mudanças sociais, a IA tem o potencial de desafiar e redefinir papéis criativos. Em vez de substituir *designers* ou criadores, pode ser utilizada como uma aliada que amplia a capacidade humana de criação, permitindo uma melhor performance. Se antes a inspiração, o *brainstorming*, vinha numa conversa ou em uma debate, ou ainda de um filme ou de uma música, agora, com a tecnologia, a criatividade pode ser impulsionada por análises de grandes quantidades de dados e tendências. Já existem ferramentas que conseguem compor músicas

[31]ou até criar obras de arte[32] baseadas em estilos específicos. Essa intersecção do humano e do digital é um espaço que pode ser usado para ampliar a capacidade criativa, a imaginação e a inovação.

À medida em que convergimos para um futuro onde a IA desempenha um papel de destaque nas operações comerciais, precisamos também um olhar atento a não desprezar as habilidades de cada um. É importante cultivar uma mentalidade de aprendizado contínuo. As empresas terão que investir na capacitação de suas equipes, fomentando o imaginário e a criatividade, valorizando e encorajando a curiosidade.

Esta era de possibilidades quase ilimitadas exige de nós, gestores, líderes, colaboradores e cidadãos, abraçarmos a inovação com responsabilidade e critério, visão e compromisso, em busca de um futuro mais justo e inclusivo.

As oportunidades estão escancaradas diante de nós. Basta-nos explorar e criar um mundo onde a tecnologia não seja vista como uma barreira, mas, uma ponte para uma nova dimensão de ampliação do potencial humano.

---

[31] https://ai-music-generator.ai/
[32] Adobe spark

As habilidades indispensáveis para percorrer neste novo cenário moldado pela inteligência artificial não apenas técnicas, mas também profundamente humanas. O futuro exige que os profissionais, especialmente aqueles das áreas mais tradicionais, como o direito e a gestão, desenvolvam competências que os preparem para esse novo ambiente tecnológico.

A empatia não pode ser deixada de lado. Em um mundo onde a tecnologia pode automatizar processos, em contrapartida pode enrijecer condutas, reduzir o espaço social-afetivo, segregar pessoas, distanciar outras. Compreender as necessidades dos outros e oferecer soluções personalizadas fará a diferença. Essa conexão não apenas permite um relacionamento de confiança com os clientes, mas também garante que as soluções oferecidas sejam realmente eficazes. Advogados e executivos devem se tornar mais do que provedores de serviço, devem se tornar parceiros que entendem os desafios e as aspirações de seus clientes, trabalhando lado a lado para conseguir soluções que ultrapassem o convencional.

A criatividade é uma competência chave. A IA é uma ferramenta poderosa de auxílio nesse sentido, mas não esqueçamos que o *start* ainda vem da mente humana.

O pensamento crítico não pode ser deixado de lado nesse cenário impulsionado pelas tecnologias digitais. Os profissionais devem ser capazes de pesar e sopesar a realidade, analisar dados, questionar informações e adotar uma postura consciente. Em uma atmosfera em que os instrumentos digitais efetivamente transformam decisões, é fundamental ter a competência de interpretar corretamente as informações. Isso envolve habilidades para discernir quais as informações mais relevantes, como elas podem ser aplicadas e quais as implicações de seu uso tanto em ambientes organizacionais quanto para os clientes e usuários.

Quem ficar parado sem entender todo esse contexto, sem treinamento, capacitação, ficará para trás. Aliás, muitos já estão ficando. Nunca foi tão importante a flexibilidade diante das dificuldades, a resiliência. Sentir-se confortável em usar essas tecnologias somente acontecerá a partir de sua compreensão e isso somente será possível com o aprendizado proporcionado pelo investimento em formação técnica e em programas de capacitação, principalmente em cursos de análise de dados, aprendizado de máquina e outros técnicos de acordo com a área de trabalho de cada um. Com a capacitação os profissionais estarão mais aptos a integrar-se ao mundo digital de forma eficaz em suas rotinas e operações.

A capacitação contínua, hoje, se estabelece como uma obrigação indispensável. E ninguém pode alegar não ter dinheiro para se capacitar. Diversas organizações e o Setor Público tem oferecido diuturnamente, cursos gratuitos, a exemplo das universidades federais e o Instituto Tecnológico da Aeronáutica. Deve ser um ciclo incessante que acompanhe as mudanças provocadas no ambiente de negócios. As organizações precisam manter suas equipes atualizadas em relação às novas habilidades e tecnologias que emergem a cada dia.

Esse é o momento certo para refletir e investir no que está por vir, pois gerar uma sintonia entre esses elementos não é apenas uma escolha; é uma necessidade.

5.3. A atuação do Gestor e do Profissional Jurídico na Era Digital

Nesse novo cenário os profissionais do devem aprimorar suas competências. Antes mesmo de mergulhar nas práticas específicas, é vital, por questão de sobrevivência futura, entender que a tecnologia vai transformar sua forma de atuação.

A primeira habilidade que um profissional jurídico, hoje, deve cultivar é a compreensão das ferramentas tecnológicas disponíveis e suas aplicações práticas e no que elas podem otimizar o seu trabalho principalmente na automatização das tarefas repetitivas. Analisar rapidamente contratos e petições inicial postas à contestação e identificar cláusulas problemáticas em uma rapidez de modo a liberar o tempo questões mais complexas e estratégicas. De igual modo para o Gestor. Conhecimentos específicos em *softwares* como as plataformas de automação e análise de dados, são mais do que um diferencial, são uma exigência do mercado.

Nesse sentido, mais do que nunca se evidenciam as *soft skills,* enquanto habilidades comportamentais que representam a configuração com a qual nos apresentamos, laboramos e atuamos com os demais indivíduos, predicados ligados aos traços de personalidade e desempenho na interrelação com o grupo e a sociedade.

Além do domínio técnico, as *soft skills* estão se tornando uma moeda valiosa no repertório de qualquer profissional. Habilidades como comunicação clara, escrita diversificada, flexibilidade no trato com os problemas, empatia e adaptabilidade são decisivos. A retórica e a persuasão faz a diferença em momentos de entraves e embates, seja durante uma negociação ou na apresentação de um projeto, ou na efetivação de uma venda. Oportunizar uma ambiência onde o entendimento e a colaboração estão no cerne das relações e pode representar o salto de qualidade ou a estagnação. Treinamentos voltados para o incremento dessas competências interpessoais estimulam a capacidade de edificação de relações concretas com os clientes e usuários.

A compreensão e a interpretação de dados é outra aptidão que os profissionais devem desenvolver. Com a crescente quantidade de informações geradas diariamente, o talento de avaliar e formular estratégias abalizadas em análises de dados pode ocasionar uma nova dimensão ao trabalho. Ao se familiarizar com técnicas de análise preditiva e ferramentas que ajudam a decifrar essas informações, os gestores e advogados se dispõem como consultores estimados pelo mercado. O desafio é interpretar os dados e traduzi-los de forma a fundamentar as decisões de negócios para seus clientes. Profissionais que dominam essas habilidades têm em mãos não somente a capacidade de aconselhar, mas de oferecer uma visão estratégica para evitar problemas legais antes mesmo que aconteçam.

Além da automação, a IA propicia a conveniência de um trabalho mais proativo por meio de consultoria preventiva. Ao invés de apenas reagir na atividade contenciosa, o advogado pode empregar sistemas que ponderam convergências despontantes e identificam riscos potenciais antes que virem contendas litigiosas. Pode, inclusive, monitorar as alterações regulatórias e o desempenho do mercado, antecipando-se às mudanças que poderão afetar seus clientes. Essa abordagem proativa transforma o advogado de um mero solucionador de crises para um verdadeiro parceiro estratégico na prevenção de litígios.

A inovação no atendimento ao cliente é outro aspecto de destaque na aplicação da inteligência artificial no exercício da advocacia. Ferramentas de IA podem ser utilizadas para melhorar a comunicação com os clientes, garantindo que suas necessidades sejam atendidas de maneira rápida e personalizada. *Chatbots* e assistentes virtuais, podem responder às perguntas frequentes, agendar reuniões, receber e arquivar documentos e até coletar informações iniciais de clientes, liberando o advogado para se dedicar a outra atividade qualquer.

É preciso que se repita à exaustão que a capacitação contínua insurge como imperiosa e inadiável. Os profissionais que buscam não apenas sobreviver nestes tempos e nos que hão de vir, mas progredir, carecem mudar de mentalidade. A evolução das tecnologias exige que nos tornemos eternos aprendizes.

Há uma infinidade de programas educacionais com foco na intersecção com a tecnologia, oferecendo formação sobre o arcabouço da tecnologia digital.

Ingresse em associações e grupos profissionais dedicados à inovação como estratégia, facilitando o acesso a uma rede de apoio e colaboração. Faça o seu Network. Interconecte-se. Estabelecer relações como pessoas conhecedoras de tecnologia é uma forma de realizar novos negócios, aprender e crescer. A troca de conhecimento com colegas, mentorias e parcerias estratégicas poderão ensejar novos projetos. Essa colaboração transformará a sua prática e você será uma referência em eficiência e inovação, ao mesmo tempo em que solidifica a sua posição no mercado.

A chave para um negócio bem-sucedido na era digital está em acolher as mudanças e encará-las como um desafio e como uma oportunidade incrível para evoluir e crescer. Que cada novo aprendizado seja visto como uma pedra que de obstáculo virou calçamento na estrada para o sucesso.

5.4.   O Metaverso e o Web3 na era digital

O metaverso pode ser compreendido como uma ambiência virtual imersiva e interativa, que harmoniza elementos da realidade e da digital. É um local *online* onde os indivíduos podem se conectar, interagir e participar de diversas atividades. Seria como mundos virtuais tridimensionais, onde se pode trabalhar, sociabilizar, brincar, aprender e realizar a compra e venda de bens digitais.

O Web3 representa a terceira geração da internet, que objetiva desconcentrar o poder dos conglomerados de tecnologia e restabelecer o comando aos usuários. Possui como base tecnologias como o *blockchain*, as criptomoedas e os *tokens* não fungíveis (NFT's), que consentem na concepção de plataformas e utilidades mais claras, inabaláveis e democráticas.

O metaverso e o Web3 são duas representações interconectadas que asseguram remodelar a internet e a configuração da interação com o espaço digital. Apesar de diversos, eles se completam e convergem em vários sentidos, alargando um prisma de probabilidades para o futuro da internet.

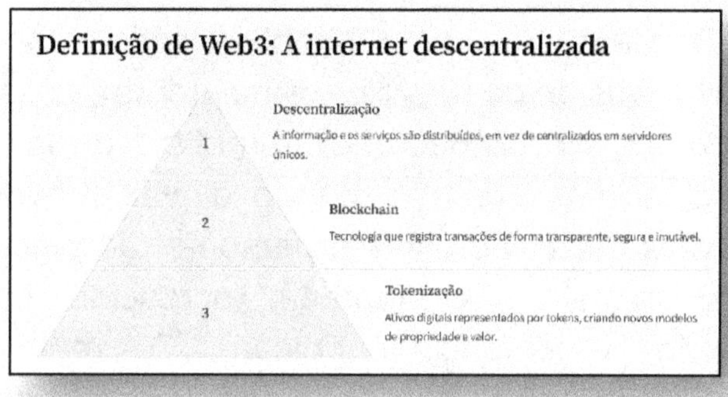

A confluência entre o metaverso e o Web3 origina um sistema digital mais próspero e importante. O Web3 consente que os usuários tenham controle real sobre os seus ativos digitais no metaverso, tais como os avatares, os terrenos virtuais e itens dentro do jogo, utilizando-se de NFT's. Em um outro aspecto a desconcentração do Web3 provoca a operabilidade entre diversificadas plataformas do metaverso, consentindo que os usuários se movimentem de forma livre entre elas munidos de seus ativos digitais. Nem se fale das Criptomoedas e NFT's com a originação de novas economias na ambiência do metaverso, onde os usuários podem adquirir, comercializar e trocar bens e serviços digitais. **Governança descentralizada:** Organizações Autônomas Descentralizadas (DAO's) permitem que os usuários participem da governança das plataformas do metaverso de forma democrática e transparente.

O metaverso e o Web3 ainda estão em estágios iniciais de desenvolvimento, porém, possuem grande potencial de impactar a internet e a forma como nos relacionamos com o mundo digital através de experiências mais imersivas e personalizadas, com a realidade virtual e aumentada, acrescida da IA provocando experiências únicas. O metaverso conseguirá integrar-se com o mundo físico através de vestimentas configuradas em vários dispositivos. Fomentará também a criação de tipos de trabalho remoto, que poderão ser utilizados em larga escala pelas plataformas de educação.

Exemplos de aplicações do metaverso e do Web3

Jogos	Educação
Experiências imersivas, economia de jogos e mundos virtuais personalizados.	Ambientes de aprendizagem interativos, simulações e colaboração virtual.
Eventos	**Comércio**
Concertos, conferências e exposições virtuais, com interação em tempo real.	Novas formas de compra, venda e interação com marcas, criando experiências personalizadas.

Assim, o metaverso e o Web3 representam um *up grade* da internet, potencializando um mundo digital mais amplo e disperso, com experiência imersiva e interativa. A confluência dessas tecnologias alarga as possibilidades para o futuro, com multíplice impacto sobre nossas vidas.

5.5. Sobre a implementação de ferramentas de inteligência artificial

O primeiro passo a seguir para implementar as ferramentas de inteligência artificial é realizar um diagnóstico da empresa. Isso significa que você tem que conhecer a empresa por dentro. Se assim o fizer você não poderá aplicar todas as ferramentas disponíveis no mundo digital e, assim, perderá a oportunidade de integrar as diversas plataformas. Hoje inclusive tem empresas que estão fazendo exclusivamente isso e vendendo como se fosse um produto novo.

Você tem que partir do organograma da empresa e a seguir verificar o fluxograma, estendendo par ao fluxograma com atribuições. Assim você terá o conhecimento geral de cargos, funções e atribuições da empresa.

Em um segundo momento o crivo do olhar recairá sobre o fluxo de processos aí incluindo também os fluxos de tratamentos de dados.

Daí em diante tendo uma noção geral da empresa, será elaborado o Plano de Ação Geral e os Planos para cada atividade, utilizando-se da ferramentas de gestão como o diagrama de Ishikawa, SWOT, Matriz Gut, 5W2H, KPI, Matriz BCG, Matriz de Ansoff, as cinco força de Porter, Pareto 80/20 e por fim o PDCA, escrevendo também o Ciclo PDCA.

Somente depois dessas medidas você irá buscar no mercado as ferramentas de IA que mais se adequam à sua realidade. Sem conhecer a sua empresa ou o seu negócio, você não fará boas escolhas.

Quando falamos de diagnóstico, deve ser compreendido que a primeira ação é entender as áreas que mais se beneficiariam com a adoção de ferramentas de inteligência artificial e outras tecnologias digitais. Foi por isso que antes você procurou ter uma visão clara das operações que acontecem dentro da empresa. E dentro do seu plano de ação você irá formular as hipóteses que você deseja encontrar uma solução. Muitas vezes ao "rodar" o PDCA você terá que retornar a fase inicial e reelaborar o seu plano de ação.

Um ponto importante é localizar todos os processos manuais e repetitivos que consomem tempo precioso das atividades cotidianas. Todos esses processos são passíveis de automação.

Para uma melhor compreensão podemos criar a situação hipotética de uma rede de supermercados, que entendeu que suas operações na gestão de estoque e atendimento ao cliente eram totalmente ineficientes. Ao mapear suas indigências, a empresa definiu a implementação de um sistema de IA para analisar o comportamento dos consumidores e otimizar as gondolas e prateleiras, o que, certamente, resultará em um aumento expressivo nas vendas e no coeficiente de satisfação do cliente.

Não se pode deixar de incluir na avaliação uma análise meticulosa dos dados a disposição, considerando que a IA é movida por eles. A partir daí será necessário assegurar que os dados estejam "limpos", bem estruturados e sejam relevantes.

Em uma outra situação, uma empresa de logística, que não possui um sistema unificado de gestão de dados, enfrenta obstáculos para adotar resoluções de IA. Ao organizar seus dados, perceberá que a implementação se mostrará muito mais eficaz, derivando em um mapeamento mais rigoroso das necessidades de entrega e, desse modo, em uma melhoria otimizada da eficiência operacional.

Lembre-se, se mal compararmos os algoritmos de IA com uma receita de bolo, não se chegará ao resultado final se faltar um ingrediente, ou ainda, se atravessar o fluxo de atividades para a consecução do fim almejado.

Aliado a tudo o que já foi dito, também deverá ser feito o acompanhamento continuado das métricas e implementada revisão periódica do diagnóstico, o que permitirá adequações rápidas e necessárias ao longo do processo. Se uma nova demanda surgir, ou se uma ferramenta não mais for suficiente para atender às expectativas, a aptidão de redefinir a ordem de prioridades se tornará um verdadeiro diferencial competitivo.

Usando mais uma vez o exemplo da rede de supermercados, após algum tempo de uso do sistema de IA, identificaram-se novas conveniências de vendas a partir da análise de dados, demandando por consequência à implementação de promoções mais direcionadas e eficientes.

Importante consignar a imprescindibilidade da participação de todos os colaboradores no diagnóstico, de modo a fortalecer a amostragem da coleta de informações, razão para promover um ambiente colaborativo onde as opiniões e sugestões são ouvidas, podendo até mesmo criar um canal ou uma caixa de sugestões para isso. Estimular cada setor a expressar suas expectativas e dificuldades permitirá uma identificação mais precisa das soluções que verdadeiramente acolham a todas as demandas. A implementação da IA não pode ser vista como um encargo exaustivo ou acontecer uma imposição, mas como o resultado de uma escolha calculada que conjetura as precisões grupais da organização. Seguindo um método, as atividades conquistarão o êxito.

A opção pelas ferramentas acertadas de inteligência artificial (IA) é um passo crucial no fluxo para integrar a tecnologia digital aos processos de negócios.

É preciso um momento para testar as opções disponíveis no mercado, esclarecendo como cada recurso pode agregar valor e quais são os aspectos que carecem ser considerados para avalizar que a opção escolhida atenda de forma eficiente, eficaz e efetiva às necessidades da empresa.

Em um cenário cheio de escolhas, é importante que os empreendedores se sintam seguros para fazer escolhas satisfatórias. As soluções de IA variam desde plataformas de automação simples até sistemas complexos de aprendizado de máquina, cada uma com seu próprio conjunto de funcionalidades. Nesse diapasão, instrumentos como o *TensorFlow* e o *IBM Watson*, por exemplo, apresentam-se como alternativas potentes para empresas que buscam desenvolver modelos preditivos e análise de dados aprofundada.

O *TensorFlow* é uma plataforma de código aberto que consente em construir e habilitar redes neurais profundas. Destaca-se pela flexibilidade e pelo suporte eficaz da comunidade, tornando-a uma alternativa popular entre desenvolvedores e analistas de dados. Por outro lado, o *IBM Watson* traz uma abordagem mais pronta, ofertando serviços de análise de linguagem natural, *chatbots* e, até mesmo, capacidades de entendimento visual. Como se pode ver, ambas as plataformas têm suas características diferenciadas, e a escolha entre uma ou outra dependerá do nível de complexidade da solução desejada.

Uma empresa de médio porte poderá aplicar a inteligência artificial com os assistentes virtuais, ao atendimento ao cliente, com os *chatbots*, e-mail, WhatsApp ou similar, redes sociais, serviços de *streaming*, *e-commerce*, entre inúmeros outros.

O *ChatGPT,* da *OpenAI*, e o *Google Gemini* são os dois modelos de linguagem mais avançados, com acesso a todos de um modo geral. Abaixo um quadro comparativo direto entre essas duas ferramentas:

Característica	ChatGPT	Google Gemini
Multimodalidade	Não	Sim
Raciocínio lógico	Limitado	Avançado
Criatividade	Alta	Moderada
Precisão factual	Pode falhar	Potencialmente maior devido ao acesso à pesquisa
Integração com o Google	Não	Sim
Disponibilidade em português	Sim	Limitada
Acesso	API, site, apps	API, produtos Google, app Android

Ao escolher a ferramenta que irá implementar na empresa, é vital que se realize testes de compatibilidade para que se verifique se a nova solução pode ser integrada de maneira fluida com os sistemas existentes na empresa. Ferramentas que oferecem Interface de Programação de Aplicações comumente aceitam uma integração mais suave, abreviando o tempo de ajustamento e os custos envolvidos. Supletivamente, um suporte técnico eficiente e um grupo ativo para permuta de conhecimentos são distintivos que podem promover a mudança e resolver problemas mais rapidamente.

Você pode pedir que o *Google Gemini* escreva o seu fluxograma. Lembre-se que se trata de uma ferramenta de linguagem e ele não desenhará para você. Mas, de posse do fluxo escrito, você poderá ir no *Miro ai* e desenhar todo o fluxo que desejar.

Nesse processo de avaliação, a análise deve trazer todas as opções disponíveis. Comparar eficiência, técnica e custo, o suporte oferecido e as funcionalidades de cada plataforma auxiliará na identificação do melhor produto a ser adquirido. É importante acautelar-se com o ânimo de observar o custo-benefício, que verifique não apenas o custo inicial da aquisição, mas também as despesas com manutenção e possíveis atualizações. Uma ferramenta que tem um investimento inicial baixo, mas demanda muitos recursos ao longo do tempo, poderá evidenciar não ser uma decisão acertada.

Uma estratégia eficaz que muitos empresários têm adotado é a realização de testes e protótipos antes de decidir pela implementação de uma ferramenta de IA. Essa abordagem consiste em aplicar a tecnologia em um projeto piloto, para testes e averiguação se será o melhor para a empresa. Essa etapa permite coletar dados sobre a eficácia da solução e o clima da equipe, sem a obrigação de um comprometimento dos recursos logo de início. Essa prática auxilia a impedir surpresas incertas e abona a escolha final alinhada às expectativas dos negócios.

Aliado à questão técnica deve o gestor empreender mudanças culturais dentro da organização. A equipe deve ser envolvida, instruída e estar acessível e disposta a aceitar as novas formas de trabalho. Conquistar a união da equipe e engajá-la nesse processo é tão importante quanto a escolha da tecnologia certa. O elemento humano será fator diferenciado para o sucesso da integração.

À medida em que a tecnologia progride, a competência de rever e acomodar opções se torna um diferencial competitivo. E, ao final, mais do que meramente operar tecnologia de ponta, o verdadeiro diferencial residirá em como as empresas integram as soluções ao seu dia a dia, transformando não apenas seus processos, mas antes fortalecendo seu relacionamento com clientes e parceiros.

Realizar testes nos protótipos é a melhor maneira para avaliar a eficácia da IA de maneira segura e controlada. Essa etapa é essencial para garantir que as soluções selecionadas estejam verdadeiramente alinhadas com os objetivos dos negócios e que possam ser escaladas de forma eficiente, efetiva e eficaz.

Inegável a relevância de um plano de ação detalhado que guiará a implementação da inteligência artificial nos processos de negócios. O fluxo para a inovação não é apenas uma questão de tecnologia é um processo de gestão que envolve conhecimento, método, preparo, estratégia e, acima de tudo, a participação ativa de toda a equipe.

Um plano de ação bem delineado deve iniciar com a definição organizada das etapas. Isso significa identificar cada fase do processo, desde a pesquisa e avaliação inicial das ferramentas até os testes e a implementação.

Designar os responsáveis por cada etapa assegura responsabilidade e fomenta um senso de pertencimento ao grupo e dos desígnios da empresa. Quando a responsabilidade é delegada, as pessoas se sentem muito mais engajadas e motivadas a contribuir com o processo. Escolher pessoas utilizando as *soft skills* otimizará tempo e custo, porque acertará as escolhas para liderar atividades relacionadas à IA, como análise de dados ou desenvolvimento de *software*.

A comunicação fluida é outro base para o sucesso do plano de ação. A oportunização de canais de diálogo e debates para que os membros da equipe compartilhem informações sobre suas experiências e desafios relacionados à utilização das novas ferramentas, apontará com antecipação fatos imprevistos, impensáveis e imponderáveis. A transparência nas comunicações fortalece a confiança da equipe e facilitar a sinergia para o alinhamento quanto aos objetivos. Reuniões regulares e plataformas de comunicação interna, como grupos de trabalho são ótimos recursos para manter essa transparência.

Em uma outra face do mesmo prisma, fomentar uma mentalidade de experimentação é uma abordagem eficaz para promover a inovação e a acolhida das novas tecnologias. Isso é especialmente relevante nessa área que evolui rapidamente e exige adaptação constante às novas implementações. Incentivar a equipe a propor soluções e ideias contribui para um ambiente rico em criatividade. A marca que edifica um ambiente onde a experimentação é celebrada e louvada, e não punida ou agredida, abre-se para uma cultura organizacional que prospera.

Mesmo em um plano bem escrito, dúvidas e dificuldades surgirão. Daí a criação de canais de suporte interno, onde os colaboradores possam buscar conforto aos seus anseios ou tirar dúvidas sobre o uso da IA, é diferencial para o sucesso do empreendimento. Isso não apenas auxilia na resolução de problemas, mas também ajuda a construir uma coletividade de aprendizado, onde todos sejam incentivados a crescer e a se desenvolver em conjunto.

Por fim, o sucesso da implantação da tecnologia em comento depende do engajamento e da participação ativa de todos os envolvidos. Quando os membros da equipe entendem que estão fazendo parte de algo maior e que poderão crescer juntos com a empresa, e suas contribuições são valorizadas, o empenho aumenta excepcionalmente. Uma aliança estratégica vantajosa leva a resultados ótimos.

Ao medir os resultados da implementação da inteligência artificial nas operações de negócios, os gestores poderão adotar indicadores de desempenho (KPI's). A escolha de métricas apropriadas não é somente um protocolo, mas uma parte basilar que ajuda a compreender o impacto real das soluções implementadas.

Quando se fala em KPI's para aferir a performance da IA, precisamos ter em mente que as métricas podem variar vastamente de acordo com a área de aplicação.

O tempo médio de resposta, pode mostrar quanto tempo um cliente espera para ter sua pergunta atendida. Se a implementação de um *chatbot* baseado em IA reduzir esse tempo de minutos a segundos, é um claro indicativo do aumento da eficiência no atendimento. A satisfação do cliente, pode ser medida através de pesquisas pós-atendimento, indicador importante que avalia se a experiência do usuário melhorou em virtude da tecnologia.

Além de indicadores diretos de desempenho, é recomendável seriamente considerar métricas de clima e saúde organizacional, como a retenção de talentos e o engajamento dos colaboradores. Quando os profissionais percebem que a IA não apenas tem o potencial de tornar seu trabalho mais eficiente, mas também de enriquecer sua experiência e aprendizado, a retenção tende a aumentar. Portanto, medir o engajamento da equipe, de modo privado após a integração das ferramentas, resultará na compreensão e fortalecimento da cultura organizacional e na aceitação da nova tecnologia.

Uma atitude estratégica para assimilar a eficácia da tecnologia deve incluir a edificação de um circuito de *feedback* que envolva não apenas a avaliação, mas a coleta contínua de dados e opiniões. Esse *feedback* deve ser interpretado para capturar o que deu certo e melhorar os processos já sedimentados. Um alternativa prática seria promover reuniões de *brainstorming* com a equipe, onde os todos possam compartilhar suas experiências de uso das novas ferramentas, apontar falhas, possíveis correções, criando um espaço de diálogo que serve como aprendizado coletivo e, virtualmente, como fonte de inovação.

Na medida que os resultados são medidos e verificados, a ideia de uma cultura de adaptação contínua torna-se recorrente. Os Ajustes e as melhorias cada vez mais são realizados com agilidade, com fulcro nas informações coletadas.

O compromisso com o progresso, deve ser contínuo e não se restringir apenas no aspecto técnico. Necessária se torna uma mentalidade que veja a IA como uma ferramenta generativa, sujeita a modificações nos termos das flutuações do mercado e das alterações das expectativas dos clientes. Esse direcionamento ajuda as empresas a agirem em sincronia com as inovações tecnológicas e serem proativas em antecipar o que o futuro pode reservar, garantindo sua posição de destaque no mercado.

Devem ser observadas as histórias de sucesso de outros empreendimentos porque eles podem servir de paradigma, para o aperfeiçoamento do que fizeram (benchmarking). Histórias como a da Netflix e da Spotify são exemplos perfeito da revolução tecnológica que não só agradou os consumidores, mas demonstrou o poder da personalização.

Quando pensamos na Netflix, logo nos vem à mente a inovação que a plataforma apresentou para o mercado consumidor de entretenimento. Não foi fácil o início porque lutou contra as locadoras de vídeo e a TV aberta. Enfrentou a aridez de um mercado que ainda germinava. Para suplantar a realidade adversa, ajustou suas práticas operacionais e abraçou a IA de forma visionária, porque naquele momento, poucos utilizavam. A utilização de algoritmos complexos possibilitou que a empresa personalizasse o seu atendimento no mundo todo, adaptando a experiência do usuário de acordo com seus gostos e hábitos de consumo.

A Netflix é um caso de sucesso que merece ser estudado. Sua capacidade de entender os seus espectadores precisa ser compreendido e suas práticas copiadas e aperfeiçoadas. Através de análises de dados *full time*, a plataforma consegue prever quais conteúdos terão maior apelo, ajustando seu catálogo e até mesmo decidindo quais produções devem ser financiadas. Com isso otimizou a alocação de recursos e garantiu que a empresa permanecesse sempre em sintonia com as expectativas de seu público. Como resultado alcançou uma experiência de visualização enriquecida, que fideliza e engaja, alçando a posição de destaque entre as plataformas de *streaming*.

Um outro exemplo a ser estudado é o Spotify, que transformou a maneira como consumimos música. Desde sua fundação, a empresa buscou oferecer uma vasta biblioteca de milhões de faixas, e criar uma experiência diferenciada para cada usuário. Ao implementar a IA, o Spotify conseguiu analisar os comportamentos de escuta, preferências e tendências dos usuários.

Através de um algoritmo sofisticado, o Spotify consegue sugerir listas personalizadas que laçam as músicas que mais agradam aos usuários. Essa jornada de descoberta musical mantém os ouvintes engajados e coloca a plataforma como a primeira opção para os amantes da música. A plataforma consegue criar uma conexão emocional, aliada à tecnologia ao transformar audições em trilhas sonoras personalizadas.

O que se evidencia sobre o que acabamos de mencionar, sobre as histórias de sucesso da Netiflix e do Spotify, é que o sucesso não advém apenas da tecnologia em si, mas da extraordinária combinação de visão estratégica, talento humano e da coragem de ultrapassar os limites do sonho. A implementação da IA traz consigo desafios que ultrapassam as soluções tecnológicas. As empresas precisam disseminar uma cultura de inovação, onde cada indivíduo envolvido no processo compreenda e contribua para o uso responsável da implementação contínua das tecnologias digitais disponíveis.

Ao deter nosso olhar para essas histórias de sucesso, logo identificamos o papel de relevo que a inteligência artificial desempenha na personalização das experiências do cliente. O futuro já é presente e as empresas precisam inovar e estabelecer uma conexão mais direta com o consumidor, entregando não apenas produtos ou serviços, mas experiências que se tornem inesquecíveis.

Os setores que têm se favorecido expressivamente da conexão com a inteligência artificial em suas intervenções estão se destacando pela inovação e eficiência. No varejo, na educação, na advocacia, na saúde ou nos serviços financeiros, a IA representa significativa melhora dos processos internos e transforma a forma como as empresas interagem com seus clientes, cunhando experiências personalizadas e efetivas.

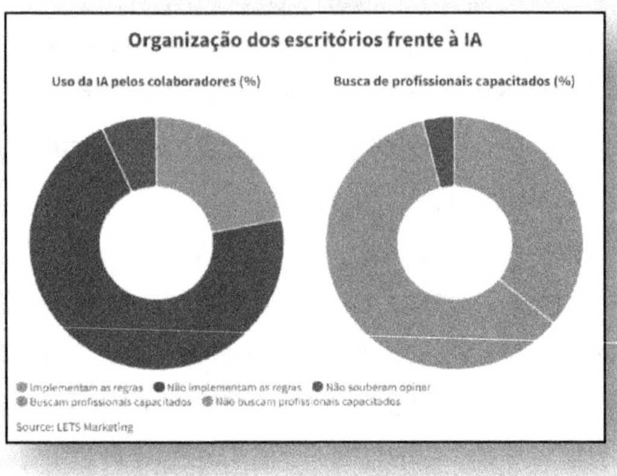

Os conglomerados empregam a tecnologia digital para prever disposições de consumo e gerenciar acervos em tempo real, o que provoca um fluxo otimizado de produtos. O uso de algoritmos avaliam informações de vendas *full time*, admitindo que os varejistas ajustem suas táticas em passo acelerado. A título de exemplo, pode-se conceber uma situação em que determinado empreendimento detecta um acréscimo na procura por um determinado item e pode reabastecer o acervo instantaneamente. Isso reduz desperdícios, e garante que os clientes achem precisamente o que almejam na ocasião certa.

Na área da saúde, sistemas inteligentes conseguem avaliar exames médicos com uma exatidão espantosa, identificando patologias nos seus estágios iniciais que em outras situações poderiam passar despercebidas. Algumas plataformas de IA são capazes de detectar câncer de pele com uma taxa de precisão que supera os especialistas da área. Isso representa múltiplas possibilidades para diagnósticos mais céleres e tratamentos mais eficazes, impactando diretamente na qualidade de vida dos pacientes.

Nos serviços financeiros a IA já alterou as configurações do setor, que operam na *deep web*, com instituições bancárias empregando algoritmos avançados para descobrir fraudes em transações, em tempo real. Ao ponderar modelos de comportamento dos usuários, a IA consegue reconhecer atividades suspeitas e notificam os clientes antes que uma transação criminosa seja finalizada. A análise preditiva deixa que os bancos ofertem produtos individualizados, baseando-se nas conveniências e histórico financeiro de cada cliente, tornando a oferta de serviços alinhada e atraente.

O panorama descortina as tecnologias emergentes, mas é a disposição em adaptar-se e a visão estratégica que farão a diferença. As perspectivas são extensas, e aqueles que ousam a e implementam soluções inovadoras estarão à frente em um mundo em constante mudança.

Espelhar as experiências das empresas líderes no uso eficiente da inteligência artificial são preciosas inspiram, e vão além na no desbravamento do caminho para novos empreendedores e organizações.

Ao lançarmos o olhar para os casos de sucesso, uma série de práticas e estratégias insurge como basilares para potencializar as boas práticas digitais. Um aspecto é a importância da definição clara de objetivos. Identificar as metas antes de concretizar soluções de tem por consequência uma melhor elaboração da estratégia.

Quando a Netflix decidiu personalizar as recomendações de seus conteúdos, buscou intensificar a experiência do usuário e aumentar a retenção de clientes.

Algumas empresas desmereceram a importância da capacitação de todos os colaboradores da empresa. Minimizaram a necessidade do treinamento e da preparação de suas equipes. A implementação da tecnologia não se dá apenas na introdução de sistemas, envolve indivíduos que precisam entender e se sentirem confortáveis com as novas ferramentas a serem utilizadas. Os casos de falhas reportadas em alguns setores são usualmente atribuídas à falta de habilitação e à relutância às mudanças por parte dos colaboradores.

Aliado aos aspectos já salientados, a importância da análise contínua dos dados não pode ser subestimada. As organizações empresariais que agregam sistemas digitais em suas estratégias, mas não fazem uso eficiente dos dados coletados acabam por perder oportunidades preciosas. A empresa que verifica diuturnamente o comportamento de aquisição de seus consumidores pode ajustar automaticamente as suas ofertas de maneira mais eficiente, abrangendo um público ainda mais específico.

A atividade de compliance não deve ser mitigada. Firmar compromissos claros com a segurança da informação, com a regulamentação vigente, cria um laço de confiança com os consumidores. Uma empresa que zela pela ética em suas práticas é reconhecida no mercado pelo respeito que demonstra em sua relação com os clientes.

O avanço da inteligência artificial nos negócios é um esforço coletivo que envolve clareza de propósito, cultura organizacional favorável à inovação, capacitação, utilização eficiente de dados e postura ética.

A evolução da inteligência artificial aplicada aos negócios sugere um intercâmbio entre máquinas e humanos. Com essa ocorrência se estabelece um equilíbrio delicado, onde a tecnologia não deve ser vista como substituição do ser humano ou como a automação do mercado de trabalho, mas, como uma extensão das capacidades humanas. Na medida em que mais empresas investirem em soluções inteligentes, a função dos profissionais capacitados irá além da operação técnica. Eles se tornarão mediadores de todo o processo, liderando e gerindo as tecnologias que ampliam a criatividade.

Não se pode esquecer o compromisso que deve ser exigido, para que as organizações se tornem guardiãs do bem-estar coletivo, empregando a tecnologia para fortalecer as comunidades e respeitar os direitos individuais.

CONCLUSÕES

A Inteligência Artificial e o Direito Digital se colocam como pilares na transformação dos negócios contemporâneos. Ao longo dessa obra, exploramos não apenas a definição e o histórico da IA, mas também suas aplicações práticas e o impacto que podem ter nas operações empresariais e na relação com os clientes.

Conforme abordamos no decorrer dos capítulos a inteligência artificial é definida como a capacidade instrumental de realizar tarefas que, corriqueiramente, requerem inteligência humana. Isso incluiria o aprendizado, a tomada de decisão, o reconhecimento de padrões e a resolução de problemas. No contexto do Direito Digital, a IA pode ser utilizada para análise de dados, automação de processos legais, entre outras aplicações, o que impacta diretamente na forma como os negócios são conduzidos e regulados.

O conceito de inteligência artificial surgiu na década de 1950 e desde então tem sido aprimorado expressivamente, estimulado sobretudo pelo avanço tecnológico e o acréscimo da disponibilidade de dados. No domínio do Direito Digital, essa evolução tem provocado mudanças na regulação de práticas empresariais, levando a uma necessidade de adaptação e compreensão das novas dinâmicas incrementadas pelas tecnologias digitais.

Empresas como a Amazon, que revolucionaram o varejo através da personalização e da otimização de processos com o uso da IA, facilitaram a experiência de compra, mas também engajaram os consumidores de maneira mais significativa. Portanto, fica evidente que a adoção conscienciosa da tecnologia é uma conveniência estratégica de aumentar a eficiência e proporcionar uma experiência enriquecedora sob diversos sentidos.

Alguns escritórios de advocacia no Brasil já implementaram ferramentas de automação e análise preditiva. Muitas desses profissionais enlaçaram a essência da transformação digital e, por meio da IA, amortizaram radicalmente o tempo dedicado a tarefas repetitivas, permitindo que seus profissionais se concentrassem em questões mais estratégicas. São esses casos que demonstram a superação de desafios propiciada pela tecnologia adequada, economizando tempo em procedimentos repetitivos e criando possibilidades não imaginadas.

É preciso um olhar atento para o futuro e para as mudanças que ele trará. A visão tem que estar igualmente no presente, vislumbrando as inúmeras modificações no cenário das tecnologias., Novas tendências moldarão o cenário dos negócios. A demanda por soluções que respeitem as leis vigentes e promovam a ética e a transparência, está em ascensão. Os profissionais do direito e os empresários que desejam se destacar precisam se adaptar a esse novo cenário dialético, de constante vir a ser. A educação contínua e a formação profissional se colocam como as âncoras que garantirão a atualização sempre um passo à frente, para que se esteja pronta para os novos desafios que surgirem.

Refletindo sobre as inovações esperadas, como o uso de *blockchain* e dos contratos inteligentes, essas tecnologias prometem otimizar práticas comerciais e oferecem um novo modelo sobre como os contratos podem ser estabelecidos e executados. A interseção entre a tecnologia e o direito, desse modo, abre um terreno fecundo para o crescimento de oportunidades que devem ser exploradas.

Um alerta que deve ser dado é o de que o uso da inteligência artificial não deve ser encarado como uma opção, mas como uma responsabilidade que devemos assumir se desejamos prosperar no futuro. É preciso externalizar e aplicar o que se vai aprendendo em workshops, cursos, participando ativamente das comunidades que produzam a troca de conhecimentos e práticas éticas.

O caminho à frente é próspero e abastado em probabilidades, e juntos, temos o potencial de garantir que essa revolução traga não apenas sucesso nos empreendimentos, mas também dignidade e responsabilidade social a cada nova conquista.

Um aspecto muitas vezes descurado na integração da inteligência artificial ao direito e aos negócios é o imperativo de um ecossistema coadjuvante e difusor das tecnologias de informação e de comunicação. Para garantir que a tecnologia não apenas seja utilizada como mera ferramenta, mas impulsione uma verdadeira transformação na cultura organizacional, é imprescindível cultivar um colóquio ininterrupto entre todas as partes envolvidas. Desde a alta administração até os operadores e colaboradores, cada voz tem que ser valorizada e deve sentir sobre a sua possibilidade de contribuir expressivamente para o sucesso do projeto de integração das tecnologias inteligentes.

Como a automação pode transformar tarefas repetitivas e criar espaço para uma prática jurídica mais efetiva e centrada nas necessidades dos clientes. Esse é um grande desafio.

A automação de tarefas repetitivas surge como um dos grandes trunfos da IA em sua implantação na prática jurídica, criando uma forma de trabalhar, onde os advogados podem se concentrar em atividades mais estratégicas e de maior valor agregado. Os intermináveis e maçantes desafios que compõem o dia a dia de um escritório jurídico, como a revisão de documentos, a pesquisa de jurisprudência, e o acompanhamento de prazos processuais são tarefas que, além de consumir tempo valioso, costumam ser periódicas e requerem uma atenção que será esgotada ao longo do dia.

A automação em um escritório jurídico pode se dar na análise de contratos. Com a introdução da tecnologia, a revisão minuciosa analógica e manual de cada cláusula de um contrato, uma demora que tomava tempo, esforço e dinheiro, e estava suscetível a erros humanos, ao utilizar algoritmos de aprendizado de máquina para identificar cláusulas problemáticas e possíveis inconsistências, o tempo e o esforço será drasticamente reduzido. O resultado será o ganho de eficiência e o aumento na precisão das análises, permitindo que os advogados se dediquem a discutir estratégias com os clientes, ao invés de se arrastarem em tarefas operacionais intermináveis.

A pesquisa de jurisprudência que tradicionalmente, demandava do advogado a navegação por inúmeros sites, vasculhando diversos bancos de dados e documentos legais, irá ser otimizada. Com a automação utilizando a IA para a pesquisa basta apenas inserir as palavras-chaves e em passo acelerado acessem decisões relevantes. Essa capacidade de obter informações rápidas e precisas não só otimiza o tempo de trabalho, como aumenta a qualidade do serviço prestado, proporcionando aos clientes um suporte mais ágil e objetivo.

Além de otimizar os procedimentos operacionais, a implantação da IA permite que os escritórios de advocacia identifiquem padrões em grandes volumes de dados. Algoritmos de análise de dados podem ser empregados para reconhecer precedentes que poderiam ser aplicados a um caso específico. Essa análise, que antes consumiria semanas de pesquisa, pode ser realizada em minutos. Isso representa uma revolução em como as práticas advocatícias podem ser estruturadas, permitindo que os advogados se antecipem a argumentações e preparem o estudo de casos, tornando-os muito mais pujantes.

A particularização de serviços jurídicos é outra faceta atraente que a IA oferece ao setor. Por meio da análise detalhada de dados, ferramentas de IA podem ajudar os advogados a entenderem as necessidades específicas de cada cliente, atuando de forma muito mais assertiva. O sistema poderá ainda analisar os históricos e os comportamentos dos clientes, sugerir estratégias específicas de litigância ou ofertas de serviços que se ajustem de forma mais precisa às demandas individuais. A consequência iniludível é o aumento da satisfação do cliente, e a correspondente fidelização, cunhando relações de confiança baseadas na percepção de que suas necessidades estão sendo atendidas de maneira singular e efetiva.

Uma ótima aplicação da tecnologia digital seria o escritório de advocacia integrar um *chatbot* de atendimento ao cliente. A implantação provocará uma redução significativa no tempo de resposta. O *chatbot*, alimentado por IA, é capaz de responder questões frequentes com agilidade, com a melhoria no atendimento e o aumento na satisfação dos clientes, que ficarão satisfeitos em receber respostas imediatas às suas dúvidas.

Os escritórios de advocacia trabalhista podem integrar a análise preditiva em suas operações. Para isso utilizará algoritmos de aprendizado de máquina para prever os resultados de processos com base em dados históricos. Essa medida permitirá aos advogados formular táticas embasadas, com chances reais de vitória. A capacidade de prever a probabilidade de sucesso de um caso antes de sua aceitação ajuda a evitar ações desnecessárias e a concentrar os recursos em casos com maior potencial de sucesso.

Os desafios jurídicos são variados e complexos, refletindo a rápida evolução do ambiente tecnológico. À medida em que as empresas incorporam a inteligência artificial em suas operações, surgem questões legais que exigem atenção especial. Um dos desafios principais é a acomodação às legislações em constante mudança. O direito digital é uma área em expansão, e as empresas costumam se deparar com dificuldades em acompanhar as atualizações dessas regulamentações. Isso se torna ainda mais desafiador quando consideramos a dinâmica entre diferentes jurisdições, onde normas de proteção de dados e direito do consumidor podem variar conforme o caso.

Em contrapartida, a era da automação inteligente enseja a crescente necessidade da atividade de compliance e diante da complexidade das regulamentações, os profissionais do direito podem oferecer serviços especializados que se concentram na orientação das empresas sobre como operar nas intricadas questões de conformidade, sobretudo em relação à automação inteligente. Essa abordagem também permite que advogados se coloquem como parceiros estratégicos, protegendo as organizações quanto ao cumprimento da legislação.

A interseção entre o direito digital e os sistemas cognitivos digitais, em seu largo espectro, ainda abre espaço para novas áreas de atuação, como a promoção de direitos e defesa do consumidor no ambiente *online*. Com o aumento das interações nas redes neurais, surgem novas questões, como a responsabilidade das plataformas de internet em relação aos conteúdos postados pelos usuários e o surgimento de novas formas de fiscalização e regulamentação. Aqui, os advogados têm a oportunidade de se especializar em defender clientes em disputas relacionadas a questões de direitos autorais, difamação online e proteção de dados, criando uma demanda crescente por seus serviços.

Resta evidenciado que o cenário onde o direito e a tecnologia inteligente coexistem é deveras complexo, mas igualmente pleno em potencial. Por essa razão as empresas precisam ser proativas em sua abordagem com fins a implementar os procedimentos que levarão à integração de tecnologias emergentes, reconhecendo que a legalidade não é um impedimento, mas sim um facilitador para a inovação. Com um planejamento adequado e a adoção de uma mentalidade de colaboração entre advogados e empresários, as organizações podem percorrer esses desafios com segurança, transformando-os em oportunidades de crescimento e fortalecimento em um mercado cada vez mais competitivo.

Assim, advogados que abraçam essa transformação, permanecendo constantemente atualizados e preparados para as novas realidades das máquinas pensantes, podem se posicionar como líderes nesse novo paradigma, contribuindo para um porvir empresarial mais ético e responsável. Essa jornada de aprendizado e adaptação não se esgota. Ao contrário, ela deve ser enfrentada como um compromisso contínuo com a excelência e a responsabilidade, que formará a base das interações de negócios no espaço digital que está se expandindo.

A realidade que enfrentamos na era digital é repleta de desafios constantes, especialmente em um campo tão dinâmico quanto o do direito. A introdução da linguagem de máquina nas práticas jurídicas não é apenas uma troca de uma ferramenta analógica por uma digital, é um salto de qualidade para uma transformação cultural intensa que exige adaptação e flexibilidade. Essa jornada pode ser repleta de obstáculos, mas também oferece perspectivas únicas que, se aproveitadas coerentemente, impulsionarão tanto o setor jurídico quanto as empresas que dele dependem.

A pressão para manter a legalidade traz a contingência da intercorrência de risco significativo de não conformidade, que pode resultar em penalidades severas, com consequentes prejuízos financeiros. Pelo exposto, é importante que as empresas implementem estruturas de monitoramento ininterrupto das alterações legislativas. Uma solução viável é o investimento em tecnologia de compliance, que facilita a automação de processos, e afiança as operações sob o crivo das exigências legais.

A questão da privacidade é um ponto nevrálgico na interseção entre direito e o cérebro artificial. O avanço na coleta e análise de dados, enseja a proteção da privacidade dos como prioridade. A preferência por práticas transparentes e a promoção de políticas de privacidade sólidas são contributos para estabelecer um vínculo de confiança com os consumidores.

Quando se cria um espaço onde as equipes se sentem à vontade para compartilhar suas experiências, desafios e sugestões, é possível descobrir oportunidades inesperadas de inovação. Esse fluxo de ideias não apenas enriquece a implementação da tecnologia, mas estabelece um clima de confiança e colaboração.

Outro ponto que se destacou ao longo desse nosso estudo inicial sobre o tema, foi a importância de um modelo de *feedback* estruturado. Após a implementação das soluções de IA, as empresas devem desenvolver mecanismos para coletar opiniões e dados sobre a experiência dos usuários e de seus colaboradores. Criar questionários e realizar entrevistas podem ser abordagens úteis para compreender como essas tecnologias estão sendo percebidas e utilizadas. Esse tipo de *feedback* pode trazer à tona pontos de melhoria que não seriam percebidos de outra forma, permitindo que a tecnologia evolua e se ajuste constantemente às necessidades reais dos negócios.

A integração da automação inteligente deve ser vista como uma jornada coletiva. A colaboração e a comunicação tornam-se aspectos centrais que podem transformar a maneira como a empresa opera, além de enriquecer a experiência de todos os envolvidos, sejam clientes, colaboradores ou parceiros. Ao fomentar um ambiente onde as ideias fluem e todos se sentem parte do processo de transformação, as organizações incorporam a tecnologia e criam uma cultura de inovação.

As singularidades esperadas, como a integração do *blockchain* e dos contratos inteligentes, garantem as mudanças de paradigma na maneira como fazemos negócios.

Dessa forma, ao adentrarmos nos tópicos que seguem, carregamos essa lição essencial: o verdadeiro sucesso no uso da inteligência artificial não se mede apenas por resultados financeiros, embora essenciais, mas pela responsabilidade com que as empresas se alinham à ética, criando um futuro seguro e respeitoso para todos que atuam nesse novo campo digital.

As consequências de não seguir as regulamentações relacionadas à inteligência artificial (IA) podem ser devastadoras para as empresas. Vamos explorar algumas situações impactantes de organizações que, ao negligenciar a legalidade, arcaram com sérias ramificações. Esses casos não apenas ilustram os riscos envolvidos, mas servem como alertas para que empreendedores adotem uma postura responsável ao integrar a tecnologia em seus negócios.

Um caso emblemático aconteceu com uma grande empresa de tecnologia que lançou um algoritmo de reconhecimento facial em suas câmeras de segurança. No entusiasmo para disponibilizar o produto ao mercado, a empresa ignorou as diretrizes estabelecidas pela Lei Geral de Proteção de Dados

(LGPD) sobre o tratamento de dados pessoais. Não foi obtido o consentimento dos indivíduos cujas imagens foram capturadas, nem houve notificações claras sobre como essas informações seriam processadas. Quando as queixas sobre violação de privacidade surgiram, a empresa enfrentou processos judiciais e um intenso escrutínio público. O resultado? Multas astronômicas, danos à sua reputação e, mais importante ainda, a desconfiança dos consumidores em relação à marca. Essa situação ilustra como a falta de conformidade não é apenas uma questão legal, mas uma questão de confiança e credibilidade, que leva anos para ser reconstruída.

Outro exemplo alarmante é da *startup* que desenvolveu uma plataforma de correspondência entre motoristas e passageiros, impulsionada por IA, para otimizar rotas e preços. Entretanto, em sua maioria, a empresa não respeitou as normas da LGPD, tratando dados pessoais sem o devido cuidado. O resultado foi um vazamento de informações sensíveis de centenas de usuários. Esse incidente não só gerou danos financeiros, como os impactos negativos foram muito além: os usuários se afastaram da plataforma, e a confiança, que deveria ser um ativo valioso, se transformou em desconfiança generalizada. As perspectivas de crescimento e a possibilidade de parcerias comerciais futuras foram fortemente comprometidas, colocando em xeque a sobrevivência da startup no mercado.

Esses casos evidenciam que a legalidade não é apenas uma formalidade. É um imperativo para a saúde e longevidade da organização. Enfrentar penalidades financeiras, processos judiciais e a deterioração da reputação são riscos que podem ser evitados por meio de uma abordagem meticulosa que prioriza a legalidade e a ética. Além disso, a escalabilidade do negócios e a atração de investidores em potencial estão profundamente ligadas à maneira como uma empresa lida com suas obrigações legais.

É essencial ressaltar que essas falhas não ocorrem em um vácuo. Elas têm consequências que reverberam por toda a indústria, alargando a visão de responsabilidades para além do escopo imediato do problema. Quando uma empresa se torna um exemplo de falha legal, a percepção pública e a confiança no setor como um todo podem ser severamente afetadas. O consumidor, cada vez mais consciente, tende a avaliar a ética e a transparência de todas as empresas operando nessa esfera.

Além disso, formar parcerias com consultores jurídicos especializados em direito digital pode ser um diferencial decisivo. Com essa orientação, as empresas podem adaptar suas operações de forma efetiva e garantir que estarão sempre à frente, minimizando riscos de ilegalidade que podem levar a penalidades significativas. A criação de um canal de comunicação aberto para que os colaboradores possam reportar qualquer dúvida ou desconformidade permitirá a retroalimentação de informações.

É essencial que as empresas se mantenham atualizadas em relação às mudanças nas legislações e normas pertinentes. O mundo da tecnologia e do direito está em constante evolução e mudanças, e as organizações que não conseguem se adaptar correm o risco de se verem em desvantagem. Por isso, uma prática recomendada é realizar revisões regulares das políticas de compliance, avaliando a eficácia das diretrizes implementadas e realizando ajustes conforme necessário.

Ademais, a integração de tecnologias que ajudam a monitorar a conformidade é uma estratégia inteligente que pode automatizar processos e garantir que as operações sempre estejam dentro da legalidade. Ferramentas de gerenciamento de conformidade podem auxiliar na coleta e análise de dados para relatar o cumprimento das normas de proteção de dados, proporcionando à equipe um *feedback* em tempo real sobre a efetividade das práticas implementadas.

A atividade de compliance na era da IA tornou-se ainda mais necessária e requer uma adaptação constante. À medida que novas tecnologias emergem, teremos novas responsabilidades e desafios regulatórios a serem enfrentados. Essa adaptabilidade deve ser incentivada em todos os níveis da empresa, criando um ambiente em que a inovação seja sempre vista através da lente da ética e da legalidade.

Assim, ao nos encaminharmos para um futuro repleto de novas oportunidades impulsionadas pela IA, é fundamental que os gestores empresariais reconheçam que a legalidade não é uma barreira, mas uma base sólida para o crescimento e a confiança no mercado. O compromisso contínuo com as práticas éticas e legais fortalecerá as empresas, permitindo que não apenas prosperem, mas também se tornem modelos de responsabilidade e integridade empresarial, em um mundo que valoriza cada vez mais práticas comerciais transparentes e justas.

Além disso, é imperioso que cada um de nós se torne um agente de mudança em sua área de atuação. Essa não é uma tarefa que deve ser realizada tão somente pelas lideranças, todos têm um papel a desempenhar. Seja na promoção de melhores práticas, na defesa do uso ético da tecnologia ou na criação de um ambiente colaborativo.

Convido cada leitor (a) a refletir sobre seu papel neste novo cenário. A pensar sobre o lugar que lhe cabe. O que cada um pode fazer para abraçar e promover a integração da inteligência artificial de maneira responsável em seus negócios. Afinal não se integrar a esse novo mundo é uma atitude que não é possível a quem deseja sobreviver nesse mercado tão competitivo.

Essa reflexão é um apelo para que todos nós, juntos, possamos moldar o nosso futuro. Um futuro em que a tecnologia sirva como catalisador de progresso e inclusão. Ao nos aprofundarmos nas reflexões finais sobre caminho que devemos percorrer, é imprescindível que cada um de nós seja capaz de absorver a essência dos aprendizados e experiências compartilhadas. A trajetória sistemas cognitivos digitais e do direito e dos negócios representam um tríplice aspecto dessa nova empreitada.

Por essa razão, ao revisitar os conceitos basilares que permeiam essa discussão, encontramos a capacidade da IA de transformar em profundidade as operações empresariais. Com exemplos inspiradores, como aqueles representados por empresas como a Amazon e o Google, resta esclarecido que a adoção sagaz dessas tecnologias se traduz não só em eficiência, mas na reestruturação completa da maneira como hoje pensamos e agimos.

O chamado à ação que ressai em tudo que aqui foi abordado nos lembra da importância de sermos agentes de transformação. Cada um de nós detém a capacidade de mudar a realidade de nossas áreas de atuação. Estamos falando de um compromisso social que se reflete em cada decisão, em cada interação que se concretiza.

Ao se posicionar na vanguarda dessa revolução tecnológica, você não só melhora sua própria prática, a sua própria vida, mas contribui para uma mudança cultural que é sentida em toda a sociedade.

Em conclusão, reafirmamos o compromisso com o futuro e a sustentabilidade. Vamos juntos trilhar esse caminho, impulsionando mudanças que não apenas nos favoreçam, mas que façam do mundo um lugar mais digno e ético, com base na transparência e na justiça municiado com o poder da tecnologia. Este é o nosso legado, e cabe a nós cultivá-lo de forma eficiente, eficaz e efetiva.

O futuro pertence àqueles que estão dispostos a aprender, adaptar-se e, especialmente, agir com sensibilidade às necessidades da sociedade em um mundo digital.

Além das novidades tecnológicas, a educação continua a ser um interruptor primordial. À medida em que as tecnologias evoluem, a necessidade de trabalharmos juntos em um ambiente de aprendizado contínuo será escassa. Serão necessários profissionais que compreendam como utilizar a IA, e que tenham uma mentalidade aberta para provocar o *status quo*, com um salto de qualidade evolucionário.

Preparar-se para o futuro requer uma reflexão cuidadosa sobre as competências emergentes que os profissionais do direito e os gestores precisarão adotar para se manterem competitivos em um cenário cada vez mais moldado pela inteligência computacional. Nesse ponto, a essência da transformação não se limita às tecnologias utilizadas, mas abrange as habilidades que advogados e outros profissionais devem cultivar para prosperar. O mundo jurídico nunca esteve imune às mudanças, pelo contrário, ele deve abranger comportamentos inovadores e o aprendizado contínuo.

Ponderação importante seria considerar as habilidades técnicas que se tornarão fundamentais.

Porque é certo que algumas profissões deixarão de existir e outras serão transformadas. Isso já está acontecendo nesse momento. O conhecimento das ferramentas de tecnologia digital é uma necessidade. Isso inclui entender não apenas como as tecnologias funcionam, mas como interpretar dados gerados e trabalhados por essas ferramentas. Cursos em análise de dados, TI e até mesmo "programação" podem se tornar diferenciais significativos, permitindo que os advogados e gestores se tornem aptos na comunicação e no controle das tecnologias que utilizam no dia a dia.

No entanto, as habilidades interpessoais também não devem ser subestimadas. Em um mundo gradual e tecnicamente avançado, o valor das relações humanas e da empatia deve persistir. advogados e gestores que conseguirem combinar a eficiência da IA com as habilidades de comunicação e negociação pessoais conquistarão destaque em um mercado saturado e extremamente competitivo. Isso significa que formar conexões significativas com os clientes, compreender suas necessidades e oferecer soluções personalizadas é uma necessidade para sobrevivência como profissional e como empresa.

Além disso, é necessário fomentar a capacidade de adaptação às novas realidades. A flexibilidade mental em face de mudanças será um dos traços mais significativos em um advogado e em um gestor do futuro. Ser capaz de aprender continuamente, revisar processos e ajustar estratégias rapidamente será o que separa os advogados bem-sucedidos dos que se quedam paralisados diante da inovação. Ressignificação e Resiliência são dois termos que tem que ser experimentados e vivenciados.

Construir um ambiente de inovação dentro da prática jurídica e do mundo empresarial é um componente chave para a evolução dos setores. Advogados devem se tornar não apenas consumidores de tecnologias, mas também influenciadores dentro de suas organizações. Isso implica em liderar discussões sobre a incorporação de novas ferramentas, promover um espírito pioneiro nas equipes e desenvolver programas internos de treinamento. Esse tipo de ambiente não só alimenta a criatividade, mas também fortalece o comprometimento de todos os envolvidos.

Portanto, é preciso cultivar uma mentalidade de colaboração entre humanos e máquinas nas práticas jurídicas e empresariais. A integração da IA deve ser vista como um caminho para libertar advogados e empresários dos aspectos mais repetitivos e dar-lhes espaço para se concentrar no que fazem de melhor: pensar, pesar e sopesar, inovar e fornecer consultoria de qualidade. Colaborar estreitamente com as equipes de tecnologia e de marketing digital se torna mais uma via para obter conhecimento e maximizar resultados.

Ao longo desse caminho, é imperativo que os profissionais do reflitam sobre seu papel na transformação digital. Este é um momento emocionante e desafiador que traz oportunidades de repensar a prática e oferecer serviços mais eficazes e éticos. Assim, ao projetar um futuro que seja promissor e sustentável, advogados e gestores devem aceitar as mudanças de forma ativa e engajada, continuamente transformando tanto seu conhecimento técnico quanto suas relações humanas.

A construção de um ambiente organizacional que valorize a inovação constante deve ser uma meta a ser alcançada. Criar espaços para que isso aconteça é o alicerce para a transformação dos setores e atores envolvidos, onde a tecnologia e as práticas caminham lado a lado em prol de um futuro de crescimento mútuo.

Uma das ferramentas conhecidas é o "*Salesforce Einstein*". Essa plataforma integrada de IA é especialmente projetada para o ambiente de vendas e serviços do *Salesforce*, uma das principais tecnologias de gerenciamento de relacionamento com clientes no mundo. Seu grande diferencial é permitir que as equipes de vendas prevejam comportamentos de compra e ajudem a personalizar a interrelação com o cliente. Uma característica marcante do *Einstein* é seu foco na automação de processos, utilizando dados históricos para otimizar o engajamento. Empresas que adotaram essa ferramenta relataram aumentos significativos em suas taxas de conversão.

Em contrapartida, o *"IBM Watson"*, uma IDE para criar, gerenciar e executar modelos de IA se destaca pela sua aplicação em diversos setores, desde a saúde até o varejo, proporcionando uma ampla gama de soluções. O *Watson* analisa dados e interpreta informações em linguagem natural, o que o torna ideal para análise de sentimentos e *feedbacks* de clientes. Isso permite que as empresas entendam melhor o que os seus consumidores realmente desejam e precisam, ajudando a adaptar produtos e serviços de acordo com a demanda. A flexibilidade do *Watson*, somada à sua força, o torna uma opção atraente para organizações que buscam aprofundar-se na análise de grandes dados enquanto preservam a integridade e a privacidade.

O *"Google AI"*, por sua vez, oferece diversas soluções acessíveis que vão desde aprendizado de máquina até API's para reconhecimento de imagem e processamento de linguagem natural. As empresas podem facilmente integrar essas capacidades em suas operações, permitindo inovações rápidas. O *Google AI* é notadamente útil para *startups* ou negócios que estão começando com a IA, pois oferece um ambiente amigável e uma documentação abrangente, facilitando a curva de aprendizado. Essa democratização do acesso à tecnologia é um passo importante para que pequenos e médios empreendedores possam competir em pé de igualdade com grandes corporações.

Ao estudar essas ferramentas, é importante refletir sobre os critérios de escolha que cada empresa deve considerar. Primeiramente, o custo da solução deve estar alinhado com o orçamento disponível, especialmente para pequenas empresas. A avaliação do retorno sobre investimento (ROI) é imprescindível. Além disso, a curva de aprendizado da ferramenta é outro ponto destacável. Uma plataforma intuitiva facilita a adoção e minimiza resistências internas.

A compatibilidade entre sistemas é indispensável para garantir a fluidez das informações, tornando a integração com plataformas existentes um fator substancial para o sucesso, evitando o que pode prejudicar decisões estratégicas. O suporte técnico também deve ser considerado como primordial.

A importância da transparência e da responsabilidade não pode ser subestimada. Como já inúmeras vezes mencionado, garantir que a tecnologia utilizada respeite as normas de proteção de dados e as expectativas éticas de consumidores e usuários é um dos pontos importantes a considerar . Ferramentas que demonstram compromisso com essas práticas não apenas mitigam riscos legais, mas também cultivam a confiança do cliente, um ativo inestimável.

Ao nos aprofundarmos na avaliação de ferramentas de inteligência sintética, fica evidente que a escolha não deve ser feita sem critérios previamente definidos. O domínio da tecnologia é um passo essencial, mas as decisões que cercam a implementação desta transformação digital precisam ser tomadas com reflexão e planejamento estratégico.

A implementação redes neurais artificiais nos negócios, embora repleta de promessas, não está isenta de desafios que podem representar barreiras significativas para muitas organizações. Assim, é vital projetarmos no plano de ação os principais obstáculos que surgem ao tentar integrar essas tecnologias no cotidiano empresarial, bem como discutir maneiras de superá-los.

Entre esses desafios, destacamos a resistência à mudança, um aspecto humano frequentemente subestimado nas transições tecnológicas. Muitas vezes, os colaboradores habituados aos métodos tradicionais, acomodados em processos confortáveis onde detêm o conhecimento, resistem ante a introdução de novas ferramentas que prometem alterar suas rotinas. Para superar essa aversão, é de suma importância promover uma cultura organizacional que valorize a inovação. A comunicação clara sobre os benefícios da IA e a demonstração de resultados tangíveis podem fazer toda a diferença. Realizar *workshops*, treinamentos e sessões de *feedback* em que os colaboradores possam expressar suas inquietações e sentimentos contribui bastante para suavizar essa transição.

Outro desafio insuperável é a falta de conhecimento técnico. É comum que as equipes, especialmente em pequenas e médias empresas, não tenham o treinamento adequado para lidar com a "mente artificial" e suas aplicações práticas. Um caminho viável é buscar a capacitação através de cursos voltados para o uso da tecnologia. Buscar parcerias com empresas especializadas também pode ser um diferencial para o sucesso, permitindo que os colaboradores aprendam com profissionais experientes e, ao mesmo tempo, adaptem a tecnologia de forma mais eficiente à rotina dos negócios.

A falta de dados de qualidade é outro entrave que pode impedir a adoção eficaz da IA. Afinal, os algoritmos precisam de informações precisas e relevantes para operar corretamente. Muitas empresas ainda lidam com dados desatualizados ou desorganizados, e isso compromete o desempenho das ferramentas de IA. A implementação de uma sólida estratégia de gestão de dados deve ser prioridade: catalogar, limpar e estruturar informações são passos fundamentais. Investir em tecnologias de armazenamento e organização de dados pode criar uma base sólida para o uso efetivo da IA. Daí porque falamos que não se pode implementar a inteligência sintética na empresa sem utilizar as ferramentas de gestão estruturadas no plano de ação.

Além disso, as preocupações com a privacidade e a segurança da informação são mais do que relevantes nesta era digital. As empresas estão cada vez mais expostas a riscos de segurança cibernética, e a utilização de IA pode intensificar essas preocupações. Para garantir uma integração segura, é determinante que as organizações se informem sobre os aspectos regulatórios (ou contratem uma consultoria) e adaptem suas operações a essas normas. A transparência no uso de dados, combinada com investimentos em cibersegurança, cria um ambiente mais seguro para a adoção de soluções baseadas em tecnologia cognitiva.

Não menos importante, o impasse jurídico apresentado pela implantação do pensamento artificial traz à tona questões de diversos aspectos, dentre eles muitos já debatidos. Como as máquinas tomam decisões que afetam vidas, a responsabilidade sobre estas decisões se torna um tema fadado a discussões e um terreno lacunoso que reclama uma resposta legislativa. Recomenda-se que as organizações mantenham um diálogo aberto com seus departamentos jurídicos, criem normas internas, adequando práticas que abordem a ética de utilização da IA nas operações da empresa e que amparem tanto os interesses corporativos quanto os direitos trabalhistas e dos consumidores.

Enxergar os desafios associados à implementação da sistemas inteligentes não deve ser visto como um sinal de desânimo. Pelo contrário, esses obstáculos devem ser encarados como oportunidades para aprimorar práticas internas e fortalecer a cultura organizacional. Ao adotar uma abordagem crítica e proativa na integração da IA, as empresas não apenas se posicionam na vanguarda da tecnologia, mas também revelam um compromisso com a inovação e a responsabilidade, preparando-se assim para o futuro cada vez mais digital.

A crescente influência da IA exige uma compreensão crítica e minudente de sua relação com a regulamentação, sob o risco de consequências imprevistas. Os advogados que se especializarem na legislação digital serão essenciais para guiar as empresas. Essa orientação será fundamental para evitar não apenas sanções legais, mas, principalmente, criar um espaço seguro para a inovação.

A preocupação com a privacidade dos dados é um ponto central. Em um estudo realizado em 2022, a empresa de pesquisa Gartner[33] revelou que 70% dos consumidores estão inseguros sobre como suas informações são coletadas e utilizadas pelas empresas.

Perante esses desafios, a legislação tem evoluído continuamente. A implementação de normas como a Lei Geral de Proteção de Dados (LGPD) no Brasil é um exemplo claro de como os legisladores estão respondendo à ascensão da tecnologia digital e suas implicações éticas.

Por isso, seria um grande erro abordar a inteligência artificial como uma solução puramente

---

[33]GARTNER. *Predicts 100 Billion Customer and Citizen Records Will Be Collected by Organizations by 2024*. 2022. Disponível em: https://www.gartner.com/en/documents/4461199. Acesso em: 16 jan. 2025.

técnica, negligenciando o contexto ético e legal que a envolve. À medida que avançamos no estudo da inteligência artificial e sua intersecção com os negócios, é fundamental cultivarmos uma visão crítica que vá além da eficiência e do lucro e que abrace a ideia de um futuro em que tecnologia e humanidade caminham lado a lado.

A aplicação da inteligência artificial está apenas começando, e as possibilidades são praticamente infinitas. Cabe-nos explorar cada aspecto dessa transformação, desde as oportunidades até os desafios, compreendendo assim as fronteiras da inovação nos negócios.

A intersecção entre a inteligência artificial e as considerações éticas e legais levanta questões importantes que não podem ser ignoradas. À medida que a tecnologia avança e as máquinas se tornam cada vez mais autônomas, é imprescindível discutir como garantir que seu uso seja justo, transparente e benéfico para todos. Um dos debates centrais gira em torno da privacidade dos dados. Se antes os consumidores eram alvos passivos de marketing, agora, com as poderosas ferramentas de IA, as empresas têm a capacidade de coletar, analisar e, em muitos casos, manipular dados pessoais para direcionar suas estratégias de forma muito mais assertiva. Isso abre um leque de riscos, pois não apenas a proteção dos dados pessoais deve ser uma prioridade, como também a forma como essas informações influenciam decisões que impactam vidas.

Assim, ao explorar as capacidades da inteligência artificial, as empresas precisam se adaptar rapidamente a esse novo cenário, não apenas para evitar sanções, mas, principalmente, para construir uma relação de confiança com seus clientes.

Outro aspecto que aqui destacamos é a questão da discriminação algorítmica. Os algoritmos que alimentam a inteligência artificial são desenvolvidos por humanos, e, como tal, podem carregar preconceitos e suposições errôneas. Isso significa que a inteligência artificial, se não for monitorada e ajustada, pode exacerbar desigualdades já existentes, levando a decisões desfavoráveis a grupos minoritários. É um cenário alarmante que exige que empresas invistam não apenas em tecnologia, mas também em conscientização sobre diversidade e inclusão desde a concepção de seus sistemas.

É uma questão complexa que ainda carece de um arcabouço jurídico claro. Enquanto refletimos sobre estas questões, também é essencial considerar as oportunidades que surgem dessa nova era. As regulamentações acerca do uso da inteligência artificial podem promover um ambiente de negócios mais transparente e justo. As empresas que adotam uma postura proativa em relação ao cumprimento legal e adotem postura humanizada são, inegavelmente, aquelas que se destacam no atual mercado. Além disso, ao abrir um diálogo honesto com os consumidores sobre como a IA é utilizada, as empresas podem não apenas conquistar a lealdade do cliente, mas também inovar de formas que atendam às expectativas sociais contemporâneas.

Vislumbramos um futuro em que as redes neurais artificiais, a visão computacional, a robótica cognitiva, além de otimizar as operações de negócios, atua em outras múltiplas tarefas, diante da inúmeras possibilidades de uso. Para que essa visão se torne realidade, é capital que a tecnologia seja empregada com critérios por todos os agentes envolvidos, assegurando um impacto positivo e equitativo para a sociedade.

O Marco Civil da Internet estabeleceu um ambiente digital que prioriza a liberdade de expressão e a privacidade dos usuários. Ele orienta as práticas de coleta e uso de dados na internet, garantindo que as empresas tratem as informações de maneira igualitária e transparente. Essa legislação define que a neutralidade da rede deve ser respeitada, e todos os conteúdos devem ser tratados de forma equitativa.

Portanto, o governa, as companhias e os profissionais envolvidos precisam estar cientes não apenas das leis, mas de sua aplicação prática em suas operações cotidianas.

Através de passos bem estruturados, traçados dentro do PDCA, pequenas e médias empresas podem garantir que suas práticas preencham as exigências legais. Para isso, elas podem começar mapeando todos os dados que utilizam e realizando uma avaliação do impacto que a IA pode ter nas suas operações. Adicionalmente, pode-se considerar parcerias com especialistas que ajudem a delinear as diretrizes adequadas para a utilização da IA sem desrespeitar a legislação.

Em suma, o cenário regulatório da inteligência artificial não é apenas uma questão de se manter dentro das regras, mas sim de adotar um comportamento proativo e ético que não apenas evite penalidades, mas também fomente uma cultura empresarial focada na transparência e no respeito ao consumidor. À medida que as novas tecnologias moldam nossas interações e operações de negócios, a legalidade se torna não apenas um requisito, mas um valor essencial na construção de estratégias comerciais bem-sucedidas.

Quando pensamos na IA e seu impacto no ambiente empresarial, na capacidade da IA de processar grandes volumes de dados, transformar informações em insumos valiosos e até mesmo automatizar processos eficientes, logo pensamos em como garantirmos que os dados utilizados não sejam apenas números e informações, mas histórias que merecem ser protegidas.

Ao integrar a IA em suas operações, as empresas não devem apenas focar em maximizar lucros. Elas têm a responsabilidade de respeitar os direitos e agir de forma transparente. Isso implica garantir que os usuários tenham conhecimento de como seus dados estão sendo utilizados e que tenham a escolha de consentir com essas práticas. O conceito de consentimento informado não deve ser apenas uma exigência legal; ele é a base de uma relação de confiança entre consumidores e empresas.

Os estudos referenciados aqui mostram que o público está cada vez mais consciente e exigente em relação às práticas empresariais. Consumidores preferem marcas que atuam de forma transparente e responsável. Portanto, quando as empresas adotam prioridades nesse sentido, se resguardam de complicações legais, e conquistam a lealdade do mercado.

Muito já se falou na transparência nas comunicações sobre o uso de IA. Comunicar claramente como a inteligência artificial é aplicada nos processos é um sinal de boa fé e respeito ao consumidor. Se um sistema de IA está sendo utilizado para personalizar recomendações de produtos, é importante que a empresa explique como essa personalização acontece e quais dados estão envolvidos nesse processo. Essa informação não apenas educa os consumidores, mas também os empodera, permitindo que façam escolhas conscientes.

Por fim, é evidente que a intersecção entre ética e tecnologia demanda uma abordagem ativa e reflexiva. Cada nova aplicação da IA representa uma oportunidade para repensar a forma como lidamos com dados, privacidade e responsabilidade social. Empresas que se comprometerem a operar dessa forma enfrentarão os desafios legais de frente, construindo uma reputação sólida, reconhecida por sua integridade e pelo compromisso humanizado no uso de tecnologia.

REFERÊNCIAS

AGUIRRE, Uriel Jose Castellanos. **Possibilidades entre a Educação Matemática e Inteligência Artificial Generativa (IAG) em sala de aula**. Seminário Internacional De Pesquisa Em Educação Matemática, p. 1-12, 2024.

ALVES, Fabricio Germano; SOUSA, Pedro Henrique da Mata Rodrigues; DO RÊGO, Danielly Novais. Publicidade parasitária e possível tutela do consumidor a partir da utilização de inteligência artificial pelas plataformas de mídia social. **Revista Jurídica Cesumar-Mestrado**, v. 24, n. 1, p. 287-298, 2024.

ANDREAZI, Luís Eduardo. **INTELIGÊNCIA ARTIFICIAL COMO FERRAMENTA DA ADMINISTRAÇÃO**.

ARANZAMENDI, Hugo Alvarez. Los simuladores de negocios y la inteligencia artificial generativa aplicada en la educación universitaria: situación del estado del arte. **Company Games & Business Simulation Academic Journal**, v. 3, n. 2, p. 87-91, 2024.

BARBOSA, Lucia Martins; PORTES, Luiza Alves Ferreira. **A inteligência artificial. Revista Tecnologia Educacional [on line]**, Rio de Janeiro, n. 236, p. 16-27, 2023.

BARELLI, Alexandre Antonio; LEME, Ricardo Roberto. Impacto da inteligência artificial na transformação digital das empresas: remodelando processos, negócios e tomadas de decisões. **Brazilian Journal of Technology**, v. 7, n. 4, p. e73942-e73942, 2024.

BARROSO, Alcely et al. **Inteligência Artificial: Entenda como a IA pode impactar no mercado de trabalho e na sociedade**. Brasport, 2024.

BENATTI, Flavia Petra Melara; DE ALMEIDA BENATTI, Marcelo. INTELIGÊNCIA ARTIFICIAL: IMPACTOS NO DIREITO E EDUCAÇÃO. **Revista Conhecimento em Foco**, v. 2, n. 1, 2024.

BOEIRA, Juan Pablo Dávila; DE OLIVEIRA, Irene Carniatto; DA SILVA, Harrysson Luiz. **Projeção de Cenários de Riscos para Desastres Naturais Através de Inteligência Artificial para Continuidade das Atividades dos Negócios**.

BRASIL. Lei nº 13.709, de 14 de agosto de 2018. Lei Geral de Proteção de Dados Pessoais (LGPD). DOU de 15.8.2018, e republicado parcialmente em

15.8.2018 - Edição extra. Disponível em:https://www.planalto.gov.br/ccivil_03/_ato2015-2018/2018/lei/l13709.htm

BRASIL. Senado Federal. Comissão de Juristas. Relatório Final da Comissão de Juristas responsável por subsidiar a elaboração de substitutivo sobre Inteligência Artificial no Brasil. Brasília, 2022. Disponível em: https://www.stj.jus.br/sites/portalp/SiteAssets/docume ntos/noticias/Relatório%20final%20CJSUBIA.pdf . Acesso em: 16/01/2025.

BUENO, Eric Fiuza; SANTOS, Marcelo Fonseca. INTELIGÊNCIA ARTIFICIAL: DESAFIOS PARA REGULAÇÃO JURÍDICA. **Revista Eletrônica Direito & TI**, v. 1, n. 18, p. 112-139, 2024.

BURCHARTH, Ana; MASCARENHAS, Lília Tavares; CROSARA, Andres. Digitalizando a experiência do cliente: case de implementação de inteligência artificial na MRV&CO. **Revista Brasileira de Casos de Ensino em Administração**, v. 14, n. 1, p. c3-c3, 2024.

CADORIM, GUILHERME DE SOUSA. OS IMPACTOS DA INTELIGÊNCIA ARTIFICIAL NA DISCIPLINA DA RESPONSABILIDADE CIVIL BRASILEIRA E A (DES) NECESSIDADE DE SUA RECONFIGURAÇÃO. In:

Congresso Internacional de Direitos Humanos de Coimbra. 2024.

COSSA, António João. **Automação de processos de negócio com recurso a ferramentas de automação e gestão de fluxos de trabalho: caso de estudo Instituto de Tecnologias, Inovação e Serviços**-ITIS. 2022.

COZMAN, Fabio G.; PLONSKI, Guilherme Ary; NERI, Hugo. **Inteligência Artificial**. 2021.

COSTA, Eduardo Gomes do Carmo. **Transformação contábil na era da inteligência artificial**. 2024.

ESTÊVÃO, João MC; ESTÊVÃO, M. Dulce. Inteligência Artificial na avaliação tradicional: aquisição de conhecimento vs Prompt Engineering. **de Práticas Pedagógicas no Ensino Superior**, p. 73.

FERNANDES, Ricardo Vieira de Carvalho; CARVALHO, Angelo Gamba Prata de. Tecnologia jurídica e direito digital. In: II **Congresso Internacional de Direito, Governo e Tecnologia– 2018. Belo Horizonte: Ed. Fórum**. 2018.

FONSECA, Bianca Barbosa Ferro; NASCIMENTO, Cintia Daniely Borges do. **O uso da inteligência artificial no marketing**. 2024.

FORERO-CORBA, Wiston; BENNASAR, Francisca Negre. Técnicas y aplicaciones del Machine Learning e Inteligencia Artificial en educación: una revisión sistemática. **RIED-Revista Iberoamericana De Educación a Distancia**, v. 27, n. 1, 2024.

Franks, B., & Davenport, T. (2012**). Taming the big data tidal wave. New Jersey**: John Wiley & Sons, Inc. Hoboken.

FURST, Maria Eduarda. **Aceitação e uso de inteligência artificial no ambiente empresarial: um estudo comparativo Brasil-Portugal**. 2024. Tese de Doutorado.

GARTNER. *Predicts 100 Billion Customer and Citizen Records Will Be Collected by Organizations by 2024*. 2022. Disponível em: https://www.gartner.com/en/documents/4461199. Acesso em: 24 jan. 2025.

GOMES, Dennis dos Santos. Inteligência Artificial: conceitos e aplicações. **Revista Olhar Científico**, v. 1, n. 2, p. 234-246, 2010.

HOECHNER, Lara de Melo Schneider Bier et al. Revolucionando o Direito: a influência da Inteligência Artificial na mediação e contratos inteligentes no

Brasil. **Revista Avant**-ISSN 2526-9879, n. Especial, 2024.

JARAMILLO, Johnatan Danilo Flores; OLIVERA, Norman Rodrigo Nuñez. Aplicación de Inteligencia Artificial en la educación de América Latina: Tendencias, beneficios y desafíos. **Revista Veritas De Difusão Científica**, v. 5, n. 1, p. 01-22, 2024.

KAHNEMAN, Daniel. **Rápido e devagar: duas formas de pensar**. Objetiva, 2012.

KAUFMAN, Dora. **A inteligência artificial irá suplantar a inteligência humana?**. Estação das letras e cores EDI, 2019.

KAUFMAN, Dora. **Desmistificando a inteligência artificial**. Autêntica Editora, 2022.

KISSINGER, Henry; SCHMIDT, Eric; HOTTENLOCHER, Daniel. **A era da inteligência artificial**. Leya, 2021.

LANG, Maria Júlia Santos. Impactos da Inteligência Artificial na contabilidade: uma análise do mercado da região central do Rio Grande do Sul. Saber Humano: **Revista Científica da Faculdade Antonio Meneghetti**, p. 324-334, 2024.

LANG, Maria Júlia Santos. Impactos da Inteligência Artificial na contabilidade: uma análise do mercado da região central do Rio Grande do Sul. Saber Humano: **Revista Científica da Faculdade Antonio Meneghetti**, p. 324-334, 2024.

LEE, Kai-Fu. **Inteligência artificial**. Globo livros, 2019.

LIMA, Giselle de Morais; FERREIRA, Giselle Martins dos Santos; CARVALHO, Jaciara de Sá. **Automação na educação: caminhos da discussão sobre a inteligência artificial**. Educação e Pesquisa, v. 50, p. e273857, 2024.

LEME, Ana Carolina Reis Paes; RODRIGUES, Bruno Alves. Tecnologias disruptivas e a exploração do trabalho humano. **CEP**, v. 1224, n. 003, 2017.

LONDOÑO ARIAS, Carlos Alberto. **Plan de negocios crear una empresa que ofrezca servicios de consultoría en inteligencia artificial a otras empresas mipymes del territorio colombiano en su primera etapa**. 2024.

LORENZ, Fundación Universitaria Konrad. Comportamiento de compra de los consumidores y de los negocios. **Fundamentos de Marketing**, 2024.

LUDERMIR, Teresa Bernarda. Inteligência Artificial e Aprendizado de Máquina: estado atual e tendências. **Estudos Avançados**, v. 35, p. 85-94, 2021.

MANRIQUE, JORGE ISAAC TORRES. **Tratado de inteligencia artificial, ciberdelincuencia, derecho digital, deportivo y bioética**. Editora Thoth, 2024.

MELO, Vanessa Siqueira; DA SILVA FÉLIX, Ynes. A inteligência artificial como ferramenta de auxílio à efetividade do acesso à justiça: uma análise sob a ótica dos direitos humanos. **Revista da Faculdade de Direito da UFRGS**, n. 55, p. 275-303, 2024.
NASCIMENTO, Paulo C.; YONEYAMA, T. **Inteligência artificial**. Editora Blucher, 2000.

MONTEIRO, Márcio Ozal de Abreu. **A análise preditiva sob o aspecto da regulação**. 2019. Tese de Doutorado.

NICKELS, Willian G.; WOOD, Marian Burk. **Marketing Relacionamentos**, Qualidade, Valor, 1999.

PAVÃO, Emerson Antonio Freire. **Inteligência Artificial aplicada ao Mercado Financeiro**. AYA Editora, 2024.

PERES, Frederico. A literacia em saúde no ChatGPT: explorando o potencial de uso de inteligência artificial para a elaboração de textos acadêmicos. **Ciência & Saúde Coletiva**, v. 29, p. e02412023, 2024.

PINHEIRO, Patricia Peck. **Direito digital**. 2. ed. São Paulo: Saraiva, 2008.

RANGEL, Matheus Santos et al. POLÍTICA E INTELIGÊNCIA ARTIFICIAL: PROVÁVEIS DESAFIOS AO CONTEXTO BRASILEIRO. **Revista Tópicos**, v. 2, n. 11, p. 1-17, 2024.

RASKIN, Cody et al. Prompt Ia supernovae are significantly delayed. **The Astrophysical Journal**, v. 707, n. 1, p. 74, 2009.

ROSSETTI, Regina et al. Direitos fundamentais no uso de inteligência artificial no poder judiciário brasileiro. **Revista Tecnologia e Sociedade**, v. 20, n. 59, p. 219-235, 2024.

RUBÍN, Carlos N. La IA en la administración de negocios actual. **Cuadernos del CIMBAGE**, v. 1, n. 26, p. 61-76, 2024.

SANTAELLA, Lucia. **A inteligência artificial é inteligente?**. Almedina Brasil, 2023.

SICHMAN, Jaime Simão. Inteligência Artificial e sociedade: avanços e riscos. **Estudos Avançados**, v. 35, p. 37-50, 2021.

DA SILVA, Giovanni Henrique Marques; DE SOUZA AZRAK, Keila Duarte; BÉRGAMO, Luciano. INTELIGÊNCIA ARTIFICIAL NA GESTÃO EMPRESARIAL: oportunidades e tendências. **Revista Acadêmica Online**, v. 10, n. 51, p. 1-9, 2024.

SANTOS, Bruno P. et al. Internet das coisas: da teoria à prática. **Minicursos SBRC-Simpósio Brasileiro de Redes de Computadores e Sistemas Distribuídos**, v. 31, p. 16, 2016.

SCHNEIDER, Pedro Henrique. **Análise preditiva de Churn com ênfase em técnicas de Machine Learning: uma revisão**. 2016. Tese de Doutorado.

SOARES, Marta. O poder da inteligência artificial no mundo empresarial. **The Trends Hub**, n. 4, 2024.

TEIXEIRA, João. O que é inteligência artificial. E-galáxia, 2019.
TERRA, Eduardo. **Inteligência Artificial no Varejo**. Literare Books, 2024.

SOLE, Mel; CAMPO, Jordi. **Marketing digital y dirección de e-commerce: Integración de las estrategias digitales**. Alpha Editorial, 2023.

DE SOUZA PIMENTEL, Jose Eduardo. Introdução ao direito digital. **Revista Jurídica da Escola Superior do Ministério Público de São Paulo**, v. 13, n. 1, p. 16-39, 2018.

TORRES, Claudio. **A bíblia do marketing digital: tudo o que você queria saber sobre marketing e publicidade na internet e não tinha a quem perguntar**. Novatec Editora, 2018.

UNGER, ADRIANA JACOTO et al. **Inteligência artificial**. 2013.

DE VASCONCELOS, Bárbara Correia. **Estratégias de Conteúdo nas Redes Sociais para a Geração Z: Tiktok e Instagram**. 2024. Dissertação de Mestrado. Instituto Politecnico do Porto (Portugal).

LINK's de IA's:

1. **Processamento de Linguagem Natural:**

a) **ChatGPT (OpenAI):** https://chat.openai.com/

b) **Bard (Google):** https://bard.google.com/

c) **Jasper:** https://www.jasper.ai/

d) **Rytr:** https://rytr.me/

e) **QuillBot:** https://quillbot.com/

f) **Grammarly:** https://www.grammarly.com/

g) **DeepL:** https://www.deepl.com/translator

h) **Wordtune:** https://www.wordtune.com/

i) **Writesonic:** https://writesonic.com/

j) **Anyword:** https://anyword.com/

k) **Copy.ai:** https://www.copy.ai/

l) **ShortlyAI:** https://www.shortlyai.com/

m) **Sudowrite:** https://www.sudowrite.com/

n) **InferKit:** https://inferkit.com/

2. Geração de Imagem:

a) **DALL-E 2 (OpenAI):** https://openai.com/dall-e-2/

b) **Stable Diffusion:** https://stability.ai/

c) **Midjourney:** https://www.midjourney.com/

d) **Craiyon:** https://www.craiyon.com/

e) **Dream by WOMBO:** [URL inválido removido]

f) **Artbreeder:** https://www.artbreeder.com/

g) **This Person Does Not Exist:** https://thispersondoesnotexist.com/

h) **Generated Photos:** https://generated.photos/

3. Geração de Código:

a) **GitHub Copilot:** https://github.com/features/copilot

b) **Tabnine:** https://www.tabnine.com/

c) **Amazon CodeWhisperer:** https://aws.amazon.com/codewhisperer/

d) **Replit Ghostwriter:** https://replit.com/site/ghostwriter

4. **Música e Áudio:**

a) **Amper Music:** [URL inválido removido]

b) **Murf.ai:** https://murf.ai/

c) **Descript:** https://www.descript.com/

d) **LANDR:** https://www.landr.com/

e) **AIVA:** https://www.aiva.ai/

f) **Boomy:** https://boomy.com/

5. **Vídeo:**

a) **Synthesia:** https://www.synthesia.io/

b) **Pictory.ai:** https://pictory.ai/

c) **Runway ML:** https://runwayml.com/

d) **Repurpose.io:** https://repurpose.io/

e) **Steve.ai:** https://steve.ai/

f) **InVideo:** https://invideo.io/

6. **Pesquisa e Navegação:**

a) **Google Search:** https://www.google.com/

b) **Bing:** https://www.bing.com/

c) **You.com:** https://you.com/

d) **DuckDuckGo:** https://duckduckgo.com/

e) **Ecosia:** https://www.ecosia.org/

7. **Produtividade e Automação:**

a) **Notion AI:** https://www.notion.so/product/ai

b) **Otter.ai:** https://otter.ai/

c) **Fireflies.ai:** https://fireflies.ai/

d) **Zapier:** https://zapier.com/

e) **UiPath:** https://www.uipath.com/

f) **Automation Anywhere:**
https://www.automationanywhere.com/

g) **Microsoft Power Automate:**
https://powerautomate.microsoft.com/

h) **IFTTT:** https://ifttt.com/

8. **Redes Sociais e Marketing:**

a) **HubSpot:** https://www.hubspot.com/

b) **Persado:** https://persado.com/

c) **SproutSocial:** https://sproutsocial.com/

d) **Buffer:** https://buffer.com/

e) **Hootsuite:** https://www.hootsuite.com/

9. Saúde:

a) **PathAI:** https://www.pathai.com/

b) **IDx-DR:** https://eyediagnosis.net/

c) **Paige:** https://www.paige.ai/

d) **Tempus:** https://www.tempus.com/

e) **Babylon Health:** https://www.babylonhealth.com/

f) **Ada Health:** https://ada.com/

10. Finanças:

a) **Stripe:** https://stripe.com/

b) **Brex:** https://www.brex.com/

c) **Robinhood:** https://robinhood.com/

d) **Affirm:** https://www.affirm.com/

e) **Upstart:** https://www.upstart.com/

f) **Betterment:** https://www.betterment.com/

11. Outras:

a) **Duolingo:** https://www.duolingo.com/

b) **GrammarlyGO:**
https://www.grammarly.com/grammarlygo

c) **Character.AI:** https://beta.character.ai/

d) **Replika:** https://replika.com/

e) **Elsa Speak:** https://elsaspeak.com/

   12. **Ferramentas de Business Intelligence:**

f) **Tableau:** https://www.tableau.com/

g) **Power BI:** https://powerbi.microsoft.com/